AF532233

Jonathan M. Albrecht

Die 5 Säulen der positiven Psychologie

Wie Sie ab sofort Glück, Lebensfreude und Erfolg wie ein Magnet anziehen und alle negativen Energien für immer loswerden (inkl. vieler Übungen & Workbook)

INHALT

Vorwort: Was ist positive Psychologie?

Wenn wir von positiver Psychologie sprechen, meinen wir die Untersuchung positiver Aspekte des menschlichen Lebens. Genauer gesagt beschäftigt sich die positive Psychologie mit all den Grundlagen, die notwendig sind, um ein rundum gutes Leben führen zu können. Kurzum: Positive Psychologie ist all das, was unser Wohlbefinden steigert.

Das Ziel der positiven Psychologie ist das Erforschen von Bereichen, die bisher vernachlässigt wurden, beispielsweise Charakterstärken, Emotionen oder Talente.

Die Frage, wofür man positive Psychologie benötigt, ist wie folgt zu beantworten: Die Psychologie an sich konzentrierte sich lange Zeit, vor allem seit dem Zweiten Weltkrieg, auf die Probleme, die ein Mensch hat und darauf, wie man diese beheben kann. Leider wurde dabei die Erforschung von allem, was im Leben einen positiven Verlauf hat, vernachlässigt. Hier kommt die positive Psychologie ins Spiel. Diese soll dafür sorgen, dass Ausgewogenheit geschaffen wird. Der Fokus liegt hier ganz klar auf den Stärken, den Erfahrungen und den positiven Eigenschaften des Menschen. Demnach wird ebenso erforscht, wie man sein Leben so gestalten kann, dass es einen erfüllt. Glück, Optimismus, Geborgenheit, Vertrauen, individuelle Stärken, Vergebung oder auch Solidarität stehen bei der positiven Psychologie im Vordergrund.

Abraham Maslow führte den Begriff im Jahr 1954 ein. Er war einer der bekanntesten US-amerikanischen Psychologen.

Erst in den 1990er Jahren griff ein weiterer US-amerikanischer Psychologe namens Martin Seligman den Begriff erneut auf. Damit Sie eine kleine Vorstellung davon bekommen, was Sie in diesem Ratgeber erwartet, habe ich in einer Liste einige Schwerpunkte der positiven Psychologie zusammengefasst.

Schwerpunkte

- Kognitive Stärken (Aufgeschlossenheit, Kreativität, Lernfreude, Neugier, Perspektive)
- Emotionale Stärken (Beharrlichkeit, Integrität, Tapferkeit, Vitalität)
- Interpersonale Stärken (Freundlichkeit, Liebe, soziale Intelligenz)
- Zivile Stärken (Fairness, Führungsstärke, soziale Verantwortung)
- Stärken, die gegen Übersteigerungen schützen (Demut, Bescheidenheit, Besonnenheit, Selbstregulation, Vergeben, Mitleid)
- Spirituelle Stärken (Dankbarkeit, Hoffnung, Humor, Spiritualität, Wertschätzung von Schönheit und Qualität)

Wenn Ihr Interesse geweckt ist, sind Sie nun herzlich dazu eingeladen, herauszufinden, wie Sie Ihr Leben optimieren können, sodass es Sie rundum glücklich macht und erfüllt. Zögern Sie nicht länger und nehmen Sie die Zügel in die Hand.

Ich wünsche Ihnen viel Lesefreude!

Kapitel 1
Die fünf Säulen der positiven Psychologie

Wenn man von positiver Psychologie spricht, ist immer die Rede davon, was unser Leben lebenswert werden lässt. Was man für lebenswert hält, entscheidet jeder für sich selbst. Positive Psychologie setzt voraus, dass auch die Stärken des Menschen betrachtet werden sollten und nicht ausschließlich seine Schwächen. Wir stehen demnach jeden Tag vor folgender Aufgabe: Die besten Dinge unseres Lebens müssen gefördert werden, aber die schlimmen Dinge müssen auf der anderen Seite auch repariert werden. Kurzum gesagt: Positive Psychologie meint die Wissenschaft, wie das Leben gelingen kann.

Im Mittelpunkt stehen immer die menschlichen Potenziale, Stärken und Ressourcen. Aber auch das Wohlbefinden wird immer in Betracht gezogen sowie die Erfahrungen, die jedes einzelne Individuum bisher gemacht hat.

Es gibt zahlreiche Forscher, die sich bereits mit der positiven Psychologie auseinandersetzten. Sie erforschen, wie sich positive Emotionen auf die menschliche Psyche und die Physis auswirken, betrachten die Flow-Erfahrungen (beglückend erlebtes Gefühl), Beziehungen, die unterstützen, und die Frage nach der jeweiligen Motivation, nach Achtsamkeit sowie das sinnliche Erleben.

Es gibt zudem zahlreiche Untersuchungen hinsichtlich der Themen Zufriedenheit, Wohlbefinden und Glück. Diese zeigen ebenfalls auf, wie wichtig die positive Psychologie ist. Im Mittelpunkt stehen hier Fragen wie „Was ist eigentlich Glück?“ oder „Was macht mich überhaupt glücklich?“. Die Antworten auf all diese Fragen helfen dabei, Empfehlungen für ein erfülltes Leben abzuleiten.

Nicht nur Glück und Wohlbefinden spielen für den einzelnen Menschen eine Rolle. Wichtig ist die Umsetzung funktionierender, optimaler und gesunder Organisationen und Gesellschaften, in denen sich der Mensch befindet. Eben diese

Organisationen und Gesellschaften leisten demnach einen sehr wichtigen Beitrag, damit einzelne Personen ihr Potenzial entfalten können, und damit steigt auch die Entfaltung des Potenzials von Organisationen und Gesellschaften selbst. Das Anwendungsfeld, das dabei entsteht, ist sehr breit. Es folgen einige Beispiele:

- Psychotherapie
- Coaching
- Allgemeine Programme zur Entwicklung der Persönlichkeit
- Unternehmen und Teams
- Familien
- Bildungs- und Erziehungseinrichtungen
- Ganze Gesellschaften

Die positive Psychologie erzielt in all diesen Bereichen eine Verbesserung.

Wenn man zwei Personen hinsichtlich des Empfindens von Glück betrachtet, wird man einen Unterschied von etwa 40 % feststellen können. Das machen schon alleine das Handeln und Denken beider Personen aus. Tatsächlich lassen sich nur 10 % der Empfindungen von Glück durch Faktoren, die von außen einwirken, erklären. Genau aus diesem Grund ist es möglich, sehr viel selbst für sein Glück zu tun.

Martin Seligman hat das sogenannte PERMA-Modell entworfen. Dieses zeigt seine Überlegungen dahingehend, was jeder Einzelne zu seinem eigenen Glück beitragen kann.

Das Wort PERMA steht für:

- **P**ositive Emotionen
- **E**ngagement
- **R**elationships (Beziehungen)
- **M**eaning (Sinn)
- **A**chievement (Zielerreichung)

Diese fünf Begriffe können wir als die fünf Säulen der positiven Psychologie betrachten. Auf eben diesen bauen das Wohlbefinden eines Menschen und die eigene Unzufriedenheit auf.

1.1 DIE FÜNF SÄULEN DER POSITIVEN PSYCHOLOGIE

Erste Säule: Die positiven Emotionen

Manche sagen jetzt vielleicht, dass man einfach keine negativen Emotionen haben sollte. Doch ich kann Ihnen gleich sagen, dass dies allein noch lange nicht ausreicht. Es ist ein wesentlicher Bestandteil des menschlichen Wohlbefindens, dass man positive Emotionen hat und diese auch häufiger erlebt als die negativen.

Wer also ein erfülltes Leben leben möchte, sollte lernen, bewusst mit den negativen Gefühlen umzugehen und sich für die positiven Gefühle zu entscheiden. Allerdings ist es so, dass die negativen Gefühle von ganz allein kommen, während man für die positiven Emotionen etwas mehr arbeiten muss. Fazit: Wer erfüllt leben möchte, muss dafür auch etwas tun!

In ihrem Buch „Die Macht der positiven Gefühle“ beschreibt Barbara Fredrickson (eine US-amerikanische Psychologin) folgende zehn positive Emotionen: Dankbarkeit, Ehrfurcht, Freude, Heiterkeit, Hoffnung, Inspiration, Interesse, Liebe, Spaß und Stolz. Es ist leider so, dass einige dieser Gefühle in unserem Leben viel zu kurz kommen. Und genau aus diesem Grund ist es umso wichtiger, dass jeder einzelne Mensch eben diese Emotionen umso deutlicher spürt.

Zweite Säule: Das Engagement

Ein Mensch, der seine Stärken ausleben kann, wird nicht nur zufriedener, er blüht sogar regelrecht auf. Das ist besonders dann der Fall, wenn er sich für große Dinge einsetzt bzw. engagiert. Mihály Csíkszentmihályi (ein ungarischer Psychologe) prägte das Flow-Erleben, anders gesagt das Gefühl eines sogenannten Schaffensrausches. Auch Martin Seligman (US-amerikanischer Psychologe) bezieht sich auf ebendieses.

Der Flow ist eine optimale Erfahrung. Bei dieser ist die ausführende Person vollkommen in der ausgeführten Tätigkeit drin. Die Aufmerksamkeit liegt hier ganz auf dem gegenwärtigen Moment. Die entscheidenden Merkmale hierfür sind die intrinsische Motivation, Desinteresse an extrinsischen Belohnungen und ‚autotelische' Handlungen. Ebenso spielt die Qualität der wahrgenommenen Herausforderungen/Handlungsmöglichkeiten eine Rolle. Hierbei werden die individuellen Kompetenzen der ausführenden Person beansprucht, ohne dass diese überfordert ist. Die Ziele der Handlung sind ganz klar und die ausführende Person erhält sofort ein Feedback.

Dritte Säule: Die sozialen Beziehungen

Jeder Mensch hat psychische Grundbedürfnisse. Dazu zählt auch das Streben nach sozialer Zugehörigkeit. Die zwei weiteren sind Autonomie und Kompetenzerleben. Jeder Mensch hat diese Grundbedürfnisse. Wir alle werden mit ebendiesen geboren. Sie sind für unser Leben enorm wichtig und komplex. Demnach strebt jeder Mensch Ziele an, denen die sozialen Bedürfnisse zugrunde liegen.

Die Grant-Langzeitstudie (seit 1938 an der Harvard Medical School, der medizinischen Fakultät der Harvard University, durchgeführt) belegte bereits die Relevanz von positiven sozialen Beziehungen.

Baumeister und Leary führten eine weitere Studie durch, die folgende Erkenntnisse erzielte: Sind soziale Bindungen bei einem Menschen nicht vorhanden, besteht eine starke Verbindung zum Unglücklichsein. Diese Menschen haben eher Depressionen oder andere Leidensformen. Demnach ist ein subjektives Wohlbefinden oder das Empfinden von Glück mit sozialer Isolation nicht vereinbar.

Vierte Säule: Das Sinn-Erleben

Martin Seligmann meint, dass das, was die griechischen Philosophen der Antike als Erlangung von Glückseligkeit apostrophierten, äußerst wichtig für individuelles Glück sei. Daher meint diese Säule, dass es für jeden Menschen wichtig ist, seinen Sinn des Lebens zu finden. Wenn man diesen nicht findet, ist auch das Wohlbefinden nicht möglich.

„Können wir unsere Stärken dann noch zu einem höheren Zweck einsetzen, in dem wir Sinnhaftigkeit erkennen und erleben, ist das ein weiterer großer Schritt in Richtung erfülltem Leben." – Martin Seligman

---

Fünfte Säule: Die Zielerreichung und Leistung
Ein Baustein des eigenen Wohlbefindens ist auch die Leistung. Dies wird deutlich in Freude an den eigenen Fähigkeiten sowie an den eigenen Erfolgen. Die Kernessenz dieser Säule ist es, dass man etwas erschafft, was auch nach dem Tod noch anhält und für die Nachwelt Spuren hinterlässt. Hierfür ist es wichtig, dass jeder explizite Lebensziele hat und diese auch zu erreichen versucht.

Eine enge Verbindung hierzu hat das Konzept der Selbstwirksamkeitserwartung. Der Mensch sollte an seine Handlungsfähigkeit glauben. Zu mehr Zufriedenheit führen ein gesteigertes Selbstwertgefühl, ein verbessertes Wohlbefinden und somit ein höheres Glücksgefühl.

1.2 SECHS TUGENDEN

Das PERMA-Modell ist allerdings nicht die einzige wichtige Rolle in der positiven Psychologie. Auch die Charakterstärken jedes Menschen sowie die sechs Tugenden sind sehr bedeutsam. Martin Seligman und Christopher Peterson befassten sich mit den Tugenden und unterteilten sie in sechs Kategorien, denen sie zudem Charakterstärken zuordneten. Hinter der Forschung zu den Tugenden steht folgende Frage: „Gibt es bestimmte Charaktereigenschaften, die zum Empfinden von Glück beitragen?“. Ein Beispiel: Introvertierte Menschen sind nicht so glücklich wie extravertierte Menschen.

Die positive Psychologie möchte keine Persönlichkeiten verändern, sie hat das Ziel, dass die individuellen Stärken eines jeden Menschen hervorgehoben werden, wodurch mehr positive Gefühle erzeugt werden.

Werfen wir nun einen Blick auf die sechs Tugenden, denen insgesamt 24 Charaktereigenschaften zugeordnet werden. Diese entstanden aus der Erforschung der Weisheitsliteratur unserer Welt, sind allgemeingültig und weder von Zeit noch von Kultur abhängig.

Erste Tugend: Wissen und Weisheit
Es geht darum, dass der Mensch Wissen erwerben, es aber auch nutzen kann. Kurzum sind hier die kognitiven Stärken gemeint. Dazu zählen folgende Charaktereigenschaften:

• Aufgeschlossenheit und Urteilsvermögen: Der Mensch soll dazu in der Lage sein, die Dinge von allen Seiten zu betrachten und zu durchdenken

• Kreativität: Der Mensch soll neue Wege finden, die effektiv sind und mit denen er etwas „tun" kann

• Liebe zum Lernen: Der Mensch lernt neue Techniken und kann sich somit neues Wissen aneignen

• Neugier: Der Mensch findet die Umwelt interessant

• Weisheit: Der Mensch sollte dazu in der Lage sein, anderen gute Ratschläge zu geben

Zweite Tugend: Mut

Es sind die emotionalen Stärken, die hier gemeint sind. Diese sollen durch Willensleistung dabei helfen, externe, aber auch interne Barrieren zu überwinden. Nur so kann ein Ziel erreicht werden. Dies sind die Charakterstärken:

• Ausdauer: Der Mensch soll dazu in der Lage sein, angefangene Dinge auch zu beenden

• Integrität: Der Mensch soll anderen gegenüber ehrlich und in seinem Handeln authentisch sein

• Tapferkeit: Der Mensch soll bei Bedrohungen oder Schmerz nicht zu schnell nachgeben

• Vitalität: Der Mensch soll der Umwelt voller Tatendrang und energiegeladen entgegentreten, dazu zählt auch, dass er begeisterungsfähig ist

Dritte Tugend: Menschlichkeit

Eine wichtige Rolle spielen hier die interpersonalen Stärken. Mit dieser Tugend werden menschliche Interaktionen möglich. Dazu zählen folgende Charakterstärken:

• Freundlichkeit: Der Mensch soll anderen einen Gefallen tun und gute Taten vollbringen

• Liebe: Der Mensch soll Nähe herstellen und schätzen können

- Soziale Intelligenz: Der Mensch soll dazu in der Lage sein, sich seinen eigenen Motiven und Gefühlen bewusst zu sein, aber auch die von anderen Menschen wahrnehmen zu können

Vierte Tugend: Gerechtigkeit

Mit dieser Tugend sind die zivilen Stärken des Menschen gemeint. Folgende Charaktereigenschaften zählen hier dazu:

- Fairness: Alle Menschen sollen gleich und gerecht behandelt werden

- Führungsvermögen: Aktivitäten von Gruppen sollen organisiert und ermöglicht werden

- Teamwork: In einem Team sollte man sich gut einfügen und arbeiten können

Fünfte Tugend: Mäßigung

Ein anderes Wort ist hier Zurückhaltung. Demnach soll der Mensch dazu in der Lage sein, dem möglichen Exzess entgegenzuwirken. Folgende Charakterstärken haben Seligmann und Pertson hier zugeordnet:

- Bescheidenheit und Demut: Der Mensch soll die erreichten Dinge für sich sprechen lassen und sich nicht selbst in den Vordergrund drängen

- Selbstregulation: Das eigene Handeln und die Gefühle sollen reguliert werden

- Vergebungsbereitschaft und Gnade: Man muss auch mal vergeben können, wenn einem ein anderer unrecht getan hat

- Vorsicht: Dinge, die man später bereuen könnte, sollten nicht gesagt oder getan werden

Sechste Tugend: Transzendenz

Gemeint sind die spirituellen Stärken und das Erkennen von Bedeutungen. Durch die Transzendenz soll dem Menschen eine höhere Macht nähergebracht werden. Dazu zählen folgende Charaktereigenschaften:

- Der Sinn für das Schöne und Existenzielle: Alle Lebensbereiche haben etwas Schönes, das sollte geschätzt werden

- Dankbarkeit: Der Mensch soll sich die guten Dinge bewusst machen und diese zu schätzen wissen

- Hoffnung: Der Mensch soll stets das Beste erwarten und daran arbeiten, dass er es auch erreichen kann

- Humor: Man soll auch mal andere Menschen zum Lachen bringen und den Humor zu schätzen wissen

- Religiosität: Es geht darum, dass man kohärente Überzeugungen von höheren Sinnen des Lebens hat

Kapitel 2
Resilienz entwickeln und zu einer starken Persönlichkeit werden

In Kapitel zwei wollen wir uns nun mit der Resilienz befassen. Vielleicht fragen Sie sich, was Resilienz mit positiver Psychologie zu tun hat. Kapitel eins hat Ihnen bereits sechs Tugenden und die damit verbundenen Charakterstärken nähergebracht. Letztere werden auch als die Schutzfaktoren des Menschen betrachtet. Man kann auch sagen, dass sie unsere inneren Abwehrkräfte sind, die uns bei Krisen und Stress stärken sollen.

Für eine starke Resilienz braucht es beispielsweise die Schlüsselfaktoren Liebe, Optimismus, Dankbarkeit und Kreativität. Wenn wir diese Charaktereigenschaften besitzen, gelingt es uns, besser mit Herausforderungen oder auch mit Niederlagen umzugehen.

Um unsere Resilienz trainieren zu können, brauchen wir nicht nur vereinzelte Charaktereigenschaften. Auch das Nutzen von eigenen positiven Stärken sorgt dafür, dass ein Mensch glücklicher, erfolgreicher und gesünder ist. Das stärkt wiederum unsere Resilienz.

Wer resilienter werden möchte, sollte demnach erforschen, worin seine eigenen Stärken liegen. Wer seine Stärken erkennen kann, sollte nun wissen, dass es an ihm liegt, diese auch im Alltag zu nutzen, und das möglichst oft! Menschen, die ihre eigenen Stärken öfter zum Einsatz bringen können, werden allgemein viel zufriedener. Forscher fanden zudem heraus, dass auch die Zufriedenheit beim Arbeiten und das eigene Engagement gesteigert werden können, wenn man seine eigenen Stärken regelmäßig nutzt. Demnach wird die Arbeit beispielsweise nicht als belastendes Beiwerk gesehen, um Geld zu verdienen, sondern als Berufung. Das gilt auch für private Bereiche. Probieren Sie es doch einmal selbst aus. Erforschen Sie Ihre Stärken, nutzen Sie diese und Sie werden merken, dass sich Ihr Wohlbefinden enorm verbessert.

Stress entsteht, wenn wir die Anforderungen, vor denen wir stehen, als schwer zu bewältigen betrachten. Die eigenen Stärken zu nutzen, um mit diesen Anforderungen umgehen zu können, heißt somit auch, dass diese dabei helfen sollen, neue Wege der Begegnung und Lösungsfindung zu wählen. Dabei steht man immer vor der Frage, wie man die eigenen Stärken nutzen kann. Wenn man beispielsweise überlegt, etwas mit Humor zu nehmen, um so eher ans Ziel zu kommen, ist das ein resilienter Umgang mit dem Hindernis. So nutzen wir unsere eigenen Ressourcen, wodurch unsere Resilienz gestärkt wird.

Um noch einmal auf die positive Psychologie zurückzukommen, möchte ich Ihnen kurz erklären, dass diese uns sozusagen als alltäglicher Wegweiser gilt, wenn wir vor Stress, Krisen oder Problemen stehen. Sie zeigt uns Wege, mit eben diesen Situationen umgehen zu können, aber sie dient nicht dazu, uns zu optimieren, damit wir ewiges Glück finden. Sie ist vielmehr eine Methode, die uns helfen soll, Gesundheit zu entwickeln und zufriedener zu werden.

Es spielt keine Rolle, ob Privatleben oder Arbeit. Mithilfe unserer Stärken schaffen wir es, mit Problemen und Stress so umzugehen, dass wir nicht erkranken.

Fassen wir also noch einmal zusammen, was Resilienz bedeutet: Es ist die Fähigkeit, mit Krisen, Verlusten oder Rückschlägen umgehen zu können. Resilienz ist sozusagen die Widerstandskraft unseres Geistes und das Immunsystem unserer Seele.

Die Resilienz hilft uns dabei, weiterzumachen, auch wenn es manchmal noch so schwerfällt, sich aus einem Tief herauszukämpfen. Resilienz ist die Option, durch die wir nicht in Selbstmitleid versinken.

Ein resilienter Mensch hat die Fähigkeit, schwierige Phasen im Leben zu meistern und Krisen durchzustehen. Ein nicht resilienter Mensch reagiert in solchen Situationen meist ängstlich, verfällt in Depressionen oder hat sogar mit einer Sucht zu kämpfen.

Resilienz hat sieben wichtige Säulen.
Wenn wir uns die Säulen einmal genauer ansehen, werden wir feststellen, dass es Charaktereigenschaften sind, die wir in uns tragen. Diese helfen uns dabei, Stress oder auch Krisen bewältigen zu können.

- Selbstbewusstsein
- Kontaktfreude
- Gefühlsstabilität
- Optimismus
- Handlungskontrolle
- Realismus
- Analysestärke

Der Resilienz-Test

Sind Sie ein resilienter Mensch? Sie wissen es nicht? Dann wagen Sie sich doch einmal an den nachfolgenden Test. Je häufiger Sie mit Ja antworten können, desto resilienter sind Sie.

- Ich habe mein Schicksal selbst in der Hand. Mein Glaube daran ist groß.
- Hindernisse sind zum Überwinden da, egal, wie hoch sie auch sein mögen.
- Negative Dinge kann ich akzeptieren.
- Ich bin ein wertvoller Mensch, auch wenn ich manchmal Misserfolge habe.
- Für mein Leben habe ich ein klares Ziel vor Augen.
- Ich glaube sehr stark an meine eigenen Fähigkeiten.
- Auf meine guten Freunde kann ich mich verlassen.
- Ich versuche es noch einmal, sollten manche Dinge nicht gelingen.
- Mein Lebensmotto ist: Jeder ist seines Glückes Schmied.
- Ich bin stolz auf meine eigenen Stärken!

• Mit Druck kann ich gut umgehen und ich bin auch leistungsfähig, wenn ich Stress habe.

• Auch wenn ich in einer Krise stecke, glaube ich, dass alles gut werden wird.

• Ich stelle mich Problemen und suche aktiv nach Lösungen.

So können Sie Ihre Resilienz stärken:

• Akzeptieren Sie, dass auch negative Dinge zum Leben gehören.

• Krisen sind überwindbar.

• Glauben Sie an Ihre Ziele und an Ihre Stärken.

• Verlassen Sie die Rolle des Opfers.

• Treffen Sie Entscheidungen.

• Betrachten Sie die Dinge aus langfristiger Perspektive.

• Bauen Sie soziale Beziehungen auf.

• Achten Sie auf sich selbst.

• Denken Sie positiv, auch über sich selbst.

• Reflektieren Sie vergangene Krisen (was haben Sie gemacht, um herauszukommen?).

• Schreiben Sie all Ihre Sorgen einfach mal auf.

• Niederlagen sollten akzeptiert werden, aus diesen können Sie zudem jede Menge über sich selbst lernen.

• Ihr Blick sollte auf Lösungen gerichtet sein, nicht auf Probleme.

• Suchen Sie sich neue Herausforderungen.

Kapitel 3
Stärke fördern in Job, Beziehung und Freundschaft

Um die eigene Stärke in den verschiedenen Bereichen fördern zu können, ist vor allem eines wichtig: Loyalität. Doch was verbirgt sich hinter dem Begriff? Loyalität bedeutet, dass man sich anderen gegenüber (Freunden, Familie, Beziehungen, Job) stets offen und ehrlich verhält, auch wenn man mal nicht einer Meinung ist. Zudem zeichnet Vertrauenswürdigkeit einen loyalen Menschen aus. Es geht darum, gemeinsame Werte und Ziele zu verfolgen und dabei seine eigenen Stärken aktiv miteinzubringen. Nur so kann ein größeres Ganzes entstehen.

Unter Freunden bedeutet Loyalität beispielsweise, dass man für den anderen einsteht und keine Geheimnisse weitersagt. Eine echte Freundschaft setzt Loyalität voraus.

In der Partnerschaft spielt die Loyalität vor allem bei der körperlichen Treue eine wichtige Rolle. Es sollte zudem das Ziel beider Partner sein, an gemeinsamen Zielen und Werten zu arbeiten. Für eine gute Beziehung bildet das gegenseitige Vertrauen in die Loyalität des anderen die Basis. Auch dem Staat gegenüber kann und sollte man loyal sein, indem man sich an die Gesetze hält.

Wer einer Firma gegenüber loyal sein will, unterstützt diese aktiv und trägt ihre Werte, auch über das geforderte Minimum hinaus. Damit soziale Beziehungen jeglicher Art funktionieren können, ist Loyalität als Grundbaustein erforderlich. Zudem macht es glücklich, wenn man loyal ist. Wer sich mit seinen Aufgaben identifizieren kann, ist erfolgreicher und zufriedener.

Ich möchte Ihnen folgende zwölf Tipps mit auf den Weg geben, damit Sie Ihre Loyalität stets zu 100 % ausleben können.

1) Achten Sie darauf, was Sie sagen!

Ein entscheidender Punkt, der zeigt, wie loyal man anderen gegenüber tatsächlich ist, ist die Tatsache, wie man sich äußert. Wer schlecht über Freunde, den Partner oder die Firma, in der man arbeitet, spricht, ist nicht loyal. Wie schon der Vater von Klopfer im Kinderfilm „Bambi" sagte: „Wenn man nichts Gutes zu sagen hat, sollte man lieber nichts sagen!" Natürlich dürfen Sie Kritikpunkte ansprechen, aber direkt und nicht erst über andere Personen. Oftmals kommt es dann sowieso ganz anders an.

Man sollte darauf achten, sich immer an die Fakten zu halten, auch wenn man negative Dinge ausspricht. Ganz wichtig ist, dass man das, was andere einem anvertraut haben, auch für sich behält. So etwas nennt man ein Geheimnis und dieses sollte man gut hüten.

2) Loyalität wird durch innere Trennung oder gar Kündigung gestört.

Wenn Sie sich ständig nach einem anderen Partner umsehen, hat das nichts mehr mit Loyalität zu tun, dann läuft etwas ganz schön schief. So ist das auch im Job. Hier hilft nur, eine Entscheidung zu fällen. Fragen Sie sich, ob Sie aktuell zufrieden sind. Wenn dies der Fall ist, sollten Sie sich auch loyal verhalten. Wenn es anders ist, sollten Sie sehen, ob und was Sie verändern können.

3) Seien Sie auch loyal, wenn es einmal unangenehm wird.

Es kann immer mal schwierig werden, doch Ihre Loyalität sollte darunter nicht leiden. Manchmal muss man einen Freund verteidigen, der sich danebenbenommen hat, oder aber man muss im Job etwas mittragen, was man nicht gut findet. In solchen Fällen ist es wichtig, dass Sie dennoch hinter allem stehen. Wenn Sie in schwierigen Zeiten Loyalität beweisen, zeigt das, dass man sich dennoch und gerade dann auf Sie verlassen kann.

4) Minimum reicht nicht aus!

Manche Menschen versuchen, mit so wenig Aufwand wie nur möglich durch Situationen zu kommen. Aber wo bleibt da die Loyalität? Manchmal muss man eben etwas mehr leisten. Auch wenn dies natürlich mehr Zeit und auch Energie fördert, so wird es sich letztendlich auch für Sie auszahlen.

5) Das, was stört, sollte angesprochen werden!

Konflikte, die im Raum stehen, können die Loyalität stören. Es ist daher wichtig, dass Sie diese ansprechen und nach einer Lösung suchen. Alles andere führt nur dazu, dass sich Wut und Ärger in Ihnen aufstauen und Ihre Loyalität flöten geht.

6) Vertrauen darf nicht ausgenutzt werden!

Sich Vorteile auf Kosten von anderen Kollegen oder gar von Freunden zu verschaffen, ist oftmals ein sehr einfacher Weg, aber eben nicht loyal. Widerstehen Sie diesen Versuchungen! Am Ende kommt es immer ans Licht, wenn man sich beispielsweise mehr Stunden einträgt, als man tatsächlich gearbeitet hat.

Das gilt auch für den Freundeskreis. Durchsuchen Sie niemals die Sachen anderer. Jeder hat Geheimnisse, die nun mal nicht für jedermann gedacht sind. Zudem schädigen Sie so das Vertrauen, das man in Sie setzt.

7) Loyalitätskonflikte müssen gelöst werden.

Konflikte bleiben auch hier nicht aus. Beispiel: Ein Freund könnte von Ihnen verletzt werden, weil Sie einem anderen gegenüber loyal sind. Natürlich ist das alles andere als angenehm, aber wer offen darüber spricht, kann dafür sorgen, dass sich die Situation untereinander verbessert. Lassen Sie am Ende immer Ihr Gewissen entscheiden. Was bringt es Ihnen, wenn Sie sich nur aus Verpflichtung für den einen Freund entscheiden? Nichts. Sie werden sich das später nur immer wieder selbst vorwerfen. Es ist manchmal aber auch so, dass es keine Entscheidung gibt, die allen hilft. Das muss man dann akzeptieren. Wie viele Mütter oder Großmütter immer schon sagten: „Kind, du kannst es nie allen recht machen."

8) Zivilcourage

Man sollte sich nicht nur Bekannten loyal gegenüber verhalten, sondern auch fremden Menschen. Wie? Das zeigen folgende Beispiele:

- Sie beobachten ein Verbrechen. Es muss also die Polizei gerufen werden.
- Treten Sie für jemanden ein, der durch andere angegriffen oder unrecht behandelt wird. (Achten Sie hier jedoch immer auch auf die eigene Sicherheit!)
- Verlorene Gegenstände, auch wenn sie Ihnen gefallen, gehören in ein Fundbüro.

- Halten Sie stets Ihre Augen offen. Menschen in Ihrer Umgebung könnten immer Hilfe gebrauchen, beispielsweise beim Aussteigen aus dem Bus, wenn man mit viel Gepäck unterwegs ist.

9) Sie schaden sich selbst, wenn Sie Loyalität nur spielen.
Loyalität und Ehrlichkeit gehören einfach zusammen! Wer Loyalität spielt, lügt doppelt. Seien Sie loyal, wenn Sie das Gefühl haben, dies tatsächlich vertreten zu können. Wenn es aber nicht so ist, sollten Sie das offen sagen und andere nicht täuschen. Am Ende machen Sie sich selbst nur etwas vor.

10) Loyalität kann man gewinnen, aber nicht fordern.
Viele Menschen machen den Fehler, die Loyalität von anderen einzufordern. Aber hier beißt man auf Granit, denn es ist immer, egal, was man anstellt, eine Sache der Freiwilligkeit. Tappen Sie selbst nicht in diese Falle. Versuchen Sie, Grundlagen zu schaffen, die es anderen einfacher machen, Ihnen gegenüber loyal zu sein. Den Anfang machen Sie, wenn Sie sich anderen gegenüber ebenso loyal verhalten.

11) Loyalität sollte auf beiden Seiten vorhanden sein.
Nicht nur Sie als Mitarbeiter einer Firma sollten Loyalität zeigen und leben, sondern auch die Firma Ihnen gegenüber. Das gilt auch für Freundschaften und Partnerschaften. Sprechen Sie es an, wenn Sie merken, dass kein Gleichgewicht besteht. Wenn sich aber nichts ändert, ist es ratsam, seine Konsequenzen daraus zu ziehen.

12) Auch Loyalität hat Grenzen!
Alles, was gegen Ihr Gewissen geht, überschreitet Ihre persönlichen Grenzen. Diese sollten Sie ernstnehmen! Möchte Ihr Vorgesetzter beispielsweise einen Betrug begehen, so sollten Sie das nicht vertreten, denn das hat nichts mehr mit Loyalität zu tun. Wenn am Ende herauskommt, dass Sie von dem Betrug wussten und nichts unternommen haben, wird es auch für Sie harte Konsequenzen geben. Es ist immer klug, sich für sein Gewissen zu entscheiden. Das gilt auch in Partnerschaften und Freundschaften. Sprechen Sie dies an, somit bleiben Sie fair und hauen den anderen nicht, wie man so schön sagt, in die Pfanne.

Kapitel 4
Wie man seine Stärke trainieren und konditionieren kann

Was ist eigentlich innere Stärke?

Viele sagen, es ist das Selbstwertgefühl. Andere wiederum meinen, dass es die Ausstrahlung eines Menschen ist, wenn er in einen Raum hineinkommt. Einige scheinen dann ganz besonders zu strahlen und das zeigt wohl sehr viel innere Stärke. Jeder Mensch hat schon von Geburt an innere Stärke. Es ist die Widerstandskraft der Psyche. Es kann jedoch dazu kommen, dass die innere Stärke für eine gewisse Zeit nicht vorhanden ist oder eben nur sehr schwach.

Was soll man dann tun? Verzweifeln hat sicher noch niemanden weitergebracht. Ich möchte Ihnen daher elf einfache Übungen vorstellen, wie Sie Ihre innere Stärke fördern können.

1) Echtes Training

Wir bekommen nichts geschenkt, auch nicht unsere innere Stärke. Zwar gibt es auch Naturtalente, wenn man beispielsweise erfolgreiche Sportler oder Künstler betrachtet, doch auch diese müssen immer etwas dafür tun, damit sie erfolgreich bleiben. Machen Sie also das Work-out, das Sie sich vorgenommen haben. Beachten Sie aber, dass einmal nicht ausreicht, um ans Ziel zu kommen, sondern bleiben Sie am Ball! So gewinnen Sie an Gewohnheit und Ihre innere Stärke wächst stetig.

2) Schalten Sie Ihr Kopfkino aus.

Das, was uns am meisten ausbremst, sind jene Dinge, die in unseren Köpfen geschehen. Schalten Sie ab! Ziehen Sie Ihr Ding durch! Wenn Sie sich hineinsteigern, macht es das eher schlimmer als besser. Meditation oder auch Achtsamkeit können hier wunderbar helfen.

3) Lassen Sie den Unrat vorbeischwimmen.

Nehmen Sie die Dinge an, die nicht gut oder gar wünschenswert erscheinen. Manches kann man eben nicht ändern, nur akzeptieren und dann für sich selbst das Beste aus den Situationen holen. Lassen Sie negative Ereignisse los und legen Sie Ihre Konzentration auf Gegenwärtiges. Ein wunderbares Motto ist hier: „Hinfallen, Aufstehen und Krone richten!"

4) Positiv? Negativ? Eine Frage der Perspektive

Stellen Sie sich folgende Fragen:

- Worin könnte man etwas Positives erkennen?
- Ist das wirklich so tragisch?
- Kann es längerfristig gesehen nicht doch positiv sein?
- Ist es wirklich so schlecht, wie ich annehme?
- Was kann ich vielleicht selbst daraus lernen?

Es ist ratsam, manchmal ganz bewusst eine andere Perspektive einzunehmen. So gibt man dem Neuen und auch sich selbst eine Chance. Zudem ist es so, dass sich die Dinge sowieso erst mal nur in unseren Köpfen abspielen. Es kann ganz anders laufen, als man sich überhaupt vorstellt.

5) Verabschieden Sie sich einfach.

Negative Gedanken brauchen wir nicht. Sagen Sie ihnen Goodbye. Schreiben Sie sie beispielsweise auf und verstauen Sie sie in einer Kiste. Wenn man die Dinge zu Papier bringt, sorgt man dafür, dass das Gehirn entlastet wird. Sie können die Kiste oder den Zettel letztendlich auch vergraben oder aber zu einem Boot falten und dieses auf einem Fluss davonfahren lassen.

6) Mehr Selbstwertgefühl

Nehmen Sie eigene Erfolge an! Das funktioniert, indem Sie sich und Ihr Handeln selbst reflektieren. Der Fokus liegt hier einzig auf den positiven Aspekten. Sie können auch meditieren und sich dabei intensiv mit der Frage nach Ihren Besonderheiten auseinandersetzen, aber auch hier ist das Aufschreiben wieder eine wunderbare Sache.

7) Fels in der Brandung

Bei dieser Übung ist Hilfe von außen gefragt. Wer baut Sie auf? Wo können Sie sich positive Impulse holen? Wer tut Ihnen gut? Wo und wer in Ihrem Leben könnte Ihr Fels sein? Gute Gespräche sind hier etwas Wunderbares. So erfahren Sie Wertschätzung, Zuwendung und machen positive Erfahrungen.

8) Wachstumsimpuls

Wo möchten Sie sich verbessern? Worin möchten Sie stärker werden und wachsen? Wichtig ist, dass man nur mit einer Sache beginnt und sich nicht gleich in einen riesigen Haufen hineinstürzt. Multitasking funktioniert hier sowieso nicht. Hinterfragen Sie, wo Sie sich positive Impulse holen können. Brauchen Sie vielleicht jemanden, der Sie zunächst anleitet? Gibt es Kurse, Bücher, Videos?

9) Nehmen Sie bitte einen Sicherheitsabstand ein!

Es ist immer sicherer, etwas Abstand zum Problem zu haben. Sie sollen nicht flüchten, aber Sie sollen sich so positionieren, dass Sie im Notfall sicher sind. Es ist manchmal erforderlich, sich auch mal von den Gedanken und Gefühlen zu lösen, denn nur so kann man auch vorankommen und nicht immer nur auf der gleichen Stelle treten. Wenn Sie in eine sehr extreme Situation geraten, nimmt Ihnen das natürlich auch Stärke. Dann handeln wir nicht stark, sondern getrieben von den Impulsen der Furcht.

10) Feiern Sie Erfolge.

Das ist genau so gemeint, wie es oben geschrieben steht. Erkennen Sie nicht nur Ihre eigenen Erfolge, sondern veranstalten Sie ruhig auch mal eine kleine Party. Das muss nicht immer heißen, dass man sich 30 Leute einladen muss. Sie können Ihre Erfolge bereits mit einem großen Eisbecher und für sich alleine feiern! Kurzum bedeutet das, dass man sich eben auch mal selbst belohnen sollte.

11) Tun Sie sich auch einfach mal etwas Gutes!

Dieser Punkt scheint dem Vorangegangenen sehr ähnlich zu sein, aber nur auf den ersten Blick. Sie können sich nicht nur mit Essen oder Trinken etwas Gutes tun, sondern auch mit zahlreichen anderen Dingen. Hier geht es also darum, wie Sie sich etwas Gutes tun können.

Hier einige Beispiele:

- Spazieren gehen
- Einen Film sehen
- Einen schönen Platz suchen und den Sonnenaufgang oder Sonnenuntergang betrachten
- Basteln
- Malen
- Musizieren
- Konzertbesuche
- Sport
- Gespräche
- Schreiben

Kapitel 5
Angst und Panik stoppen

Angst ist etwas ganz Natürliches und eigentlich sogar eine Schutzfunktion. Es kommt jedoch immer wieder vor, dass Ängste unseren Alltag so enorm beeinflussen, dass wir ihn nicht mehr genießen und in vollen Zügen auskosten.

Dieses Kapitel soll Ihnen aufzeigen, wie Sie sich Ihren Ängsten stellen und wie Sie aufkommende Panik stoppen können, um wieder aktiv am Leben teilzunehmen.

5.1 WIE SIE IHRE ÄNGSTE ÜBERWINDEN, BLOCKADEN ERKENNEN UND LÖSEN

Es gibt viele Menschen, die unter Ängsten leiden. Einige darunter spüren leichte bis mäßige Ängste. Um diese in den Griff zu bekommen, und das sogar dauerhaft, reichen oftmals sehr einfache Maßnahmen zur Selbsthilfe aus.

1) Akzeptieren und verstehen Sie Ihre Angst.
Es ist immer der erste Schritt, dass man etwas annimmt, denn zunächst kann man es sowieso nicht ändern. Das gilt auch bei Ängsten. Wenn die Angst da ist, gilt es, diese zu akzeptieren und sie nicht verdrängen zu wollen. Dabei sollten Sie sich immer wieder bewusst machen, dass die eigene Angst kein gefährlicher Gegner ist, gegen den Sie kämpfen müssen. Die Angst ist ein Teil von Ihnen. Sie können sie kontrollieren und steuern. Wenn Sie begreifen, dass Sie Ihrer Angst nicht hilflos ausgeliefert sind, wird Ihnen der Umgang mit dieser leichter fallen, was ebenso dafür sorgen wird, dass Ihr Selbstbewusstsein gestärkt wird.

Machen Sie sich dennoch bewusst, dass Ängste nicht von heute auf morgen bewältigt werden können. Das braucht Zeit! Anfangs mögen die Fortschritte noch klein sein, was frustrieren kann, aber es bringt nichts, wenn man sich Vorwürfe macht. Diese wirken sich eher kontraproduktiv aus. Bringen Sie Verständnis und

Wohlwollen für sich selbst auf. Hinterfragen Sie Ihre Ängste und erforschen Sie, welche Ursachen diese haben könnten.

2) Suchen Sie die Konfrontation

Ja, Sie lesen richtig! Auch wenn es schwer sein mag, so ist es dennoch wichtig, wenn Sie Ihre Ängste überwinden wollen. Nur wer sich der eigenen Angst stellt, kann diese auch überwinden. Suchen Sie bewusst Situationen auf und vermeiden Sie diese nicht! Beispiel: Sie haben Angst, sich wegen Ihres Gewichts in ein Restaurant zu setzen? Dann ist es genau das, was Sie tun sollten, sobald sich Ihnen diese Chance bietet!

Natürlich ist es eine äußerst große Herausforderung, die eigenen Ängste überhaupt auszuhalten. Es bietet sich daher an, dass Sie sich ihnen in kleinen Schritten nähern. Das verschafft kleine Erfolge, auf die Sie stolz sein können und die für die Stärkung Ihres Selbstvertrauens ebenso wichtig sind. Zudem ist es auch die optimale Motivationsmöglichkeit.

3) Bewegung

Ja, auch Sport kann sich positiv auswirken und das nicht nur auf den eigenen Körper, sondern auch auf die Psyche. Es wurde bereits durch verschiedene Studien nachgewiesen, dass Bewegung Depressionen und Panikstörungen entgegenwirkt. Ganz besonders hilfreich sei hier vor allem Ausdauersport. Durch die körperliche Betätigung ist es möglich, Reaktionen auf die eigene Angst langfristig zu reduzieren. Auch ein gesunder Lebensstil trägt dazu bei, Ängste zu verringern. Schlafen Sie daher ausreichend und ernähren Sie sich gesund.

4) Entspannungs- und Atemübungen

Wer Angst verspürt, bemerkt auch eine starke körperliche Anspannung. Es ist daher sehr wichtig, dass unter Angstgefühlen leidende Menschen sich entspannen können.

Verspürt man akute Angst, sollte man daher Entspannungs- oder Atemübungen in Betracht ziehen. Mithilfe dieser werden Herzrasen und Schwitzen deutlich verringert. Der Grund dafür ist, dass diese Übungen unserem Körper helfen, sich zu beruhigen. Wer die Übungen regelmäßig anwendet, kann dafür sorgen, dass seine Haltung im Allgemeinen ruhiger wird. So gelingt es auch, zukünftigen

Angstzuständen vorzubeugen. Menschen, die entspannter leben, sind dadurch weniger von Angststörungen betroffen. Die bekanntesten Verfahren, um zu entspannen, sind wohl das Autogene Training und die Progressive Muskelentspannung (PME). Bei letzterem Verfahren lernt der Betroffene, wie er für Entspannung der eigenen Muskulatur sorgen und somit innere Ruhe finden kann.

5) Effektives Stressmanagement

Angst und Stress hängen sehr eng miteinander zusammen. Der Auslöser für viele Angstzustände ist oftmals eine hohe, stressige Belastung. Daher ist es wichtig, dass Betroffene ein gutes Stress- und Zeitmanagement haben. Ein effektiver Tages- oder Wochenplan kann helfen, Struktur in den Alltag zu bringen und Stressauslösern keine Chance zu geben. Es ist auch notwendig, dass man regelmäßige Pausen einlegt und kleine Erfolge, die man bereits erzielt hat, belohnt.

6) Psychotherapie

Tatsache ist, dass Selbsthilfemaßnahmen nicht immer ausreichend sind, um die eigenen Ängste tatsächlich überwinden zu können. Es gibt mitunter auch schwere Fälle, das ist der Fall, wenn beispielsweise eine Angststörung vom Arzt diagnostiziert wurde. Hier ist es wichtig, dass sich der Betroffene auf alle Fälle professionelle Hilfe sucht. Dies kann zum Beispiel eine Psychotherapie sein.

Die kognitive Verhaltenstherapie hat sich als besonders wirksam erwiesen. Hier wird der Betroffene schrittweise mit seinen Ängsten konfrontiert. Dies nennt sich auch das Expositionsverfahren (Konfrontationstherapie). Hier setzt sich der Betroffene mit der angstauslösenden Situation so lange auseinander, bis die Angst langsam nachlässt. Begleitet er hier durch einen erfahrenen Therapeuten. Die Therapie hat das Ziel, das Meideverhalten des Betroffenen aufzubrechen. Somit soll ein Gewöhnungseffekt erreicht werden. Häufig kommt diese Art der Therapie bei Phobien und Panikstörungen zum Einsatz.

Manchmal sind auch Medikamente erforderlich, dies sollte aber immer der letzte Schritt sein, da Medikamente immer Nebenwirkungen mit sich bringen. Die Betroffenen können sich auch untereinander austauschen, beispielsweise in einer Selbsthilfegruppe. Diese können zum Beispiel eine sinnvolle Ergänzung zur eigentlichen Therapie sein.

7) Meditation und Yoga

Beides sind Achtsamkeitsübungen. Auch diese können dazu beitragen, dass Ängste gelindert werden. In Kapitel 14 möchte ich Ihnen mehr über die Meditation erzählen. Yoga hilft vor allem dabei, körperliches Wohlbefinden zu erlangen und Stress abzubauen.

5.2 SELBSTZWEIFEL SOFORT LOSWERDEN, EFFEKTIV STRESS BEWÄLTIGEN

Selbstzweifel hat jeder Mensch, allerdings können sie bei dem einen oder anderen so stark ausgeprägt sein, dass dessen Lebensqualität erheblich beeinträchtigt wird. Damit Sie Ihre Selbstzweifel bewältigen können, möchte ich Ihnen zwölf hilfreiche Tipps mit auf den Weg geben.

1) Loben Sie sich mindestens einmal am Tag selbst!

Beispiele:
„Super, ich habe das jetzt tatsächlich geschafft!"
„Wow! Ich sehe heute richtig gut aus!"

Manchmal möchte hinter diesen kleinen Lobeshymnen auch ein „aber" auftauchen. Diesem sollten Sie jedoch keinen Platz bieten, denn es ist Zeit, sich auch einfach mal ohne Einschränkungen zu loben.

2) Loben Sie einmal täglich auch andere Personen.

Beispiel:
„Dass du das gemacht hast, finde ich wirklich prima!"

Schauen Sie, wie Ihr Gegenüber reagiert, und genießen Sie es! Auch hier gilt: kein Platz für ein „aber".

3) Fragen Sie sich einmal am Tag, was Ihnen in diesem Moment guttut

Beispiele:

„Was möchte ich gerade?“

„Was brauche ich gerade?“

„Was tut mir gerade gut?“

4) Einmal am Tag innehalten

Es ist wichtig, dass Sie die Achtsamkeit auf sich selbst richten. Nur so erhalten Sie genaue Auskunft über Ihren aktuellen Gefühlsstandpunkt. Es bietet sich dabei an, die eigene Atmung zu beobachten, denn so kann die Wahrnehmung nach innen und außen gerichtet werden. Diese Begegnung mit sich selbst sollte nicht länger als drei Minuten andauern und immer mit dem Satz „Ich bin jetzt hier!“ abgeschlossen werden.

5) Lachen ist gesund, das sollten Sie daher mehrmals am Tag tun.

Der Alltag bietet viele komische Momente. Lachen Sie darüber! Lächeln Sie sich selbst zu, wenn Sie sich im Spiegel betrachten.

6) Einmal am Tag sollten Sie mindestens „Ja“ sagen

Das Gleiche gilt für das Wörtchen „Nein“. In diesen kleinen Aussagen stecken eine enorme Kraft und Eindeutigkeit. Genießen Sie diese!

7) Täglich mindestens einmal die Meinung äußern

Beispiele:

„Ich will einmal das sagen, was ich finde! Also lass mich das auch tun!“

„Nee, dazu sage ich jetzt ganz bestimmt nichts!“

8) Schaffen Sie sich in der Woche mehrmals für eine halbe Stunde eine schöne Atmosphäre

Beispiele:
Hören Sie schöne Musik.
Lesen Sie ein Buch.
Nehmen Sie ein Entspannungsbad.
Blicken Sie in den blauen Himmel und lassen Sie die Sorgen zu Hause.
Setzen Sie sich in Ihr Lieblingscafé und beobachten Sie die anderen Leute.

9) Entdecken Sie die Person in Ihrem Umfeld, die es gut mit Ihnen meint.
Haben Sie diese entdeckt, schauen Sie in deren freundliches Gesicht und lassen Sie die vertraute Stimme auf sich wirken.

10) Günstige Gelegenheiten sollten genutzt werden.
Das gilt besonders für das private Umfeld. Umarmen Sie die Menschen, die Sie mögen. Geben Sie Ihrem Partner/Ihrer Partnerin einen Kuss. Begegnen Sie Freunden, der Familie, Ihrem Partner/Ihrer Partnerin warmherzig.

11) Veränderungen sind zum Wahrnehmen da und sollten Raum bekommen.
Feste sollte man feiern, wie sie fallen. Feiern Sie Jahrestage mit Ihrem Partner/Ihrer Partnerin oder auch andere Jahrestage, die Ihnen am Herzen liegen.

12) Reflektieren Sie sich immer wieder einmal selbst.

Beispiele:
Welche Stärken haben Sie?
Was machen Sie am liebsten?
Gibt es Potenziale, die Sie nicht ausschöpfen?
Was wollten Sie vielleicht schon immer einmal tun?

5.3 IHR BEWUSSTSEIN DAUERHAFT POSITIV AUSRICHTEN

Hat man es einmal geschafft, seinen Fokus auf die positiven Gedanken zu lenken, möchte und sollte man diesen auch nicht wieder verlieren. Leider ist es aber so, dass dies vielen Menschen passiert. Der Grund dafür ist, dass sie es irgendwann als selbstverständlich hinnehmen und nichts mehr dafür tun, die Gefahr, in alte Muster abzudriften, abzuwenden.

Damit Ihnen das nicht auch geschieht, möchte ich Ihnen drei einfache Übungen mit auf den Weg geben, die Ihnen dabei helfen und mit wenig Aufwand umsetzbar sind.

Übung 1: Das Tagebuch der Dankbarkeit

Der Name sagt schon, was das Programm dieser Übung ist. Sie sollten sich ein Tagebuch anlegen, in dem Sie jeden Tag das festhalten, wofür Sie dankbar sind. Dazu wählen Sie am besten ein Notizbuch, dessen Äußeres Sie anspricht. Legen Sie dieses zusammen mit einem Stift in oder auf Ihren Nachtschrank, sodass Sie es am Abend immer griffbereit haben. Wenn Sie zu Bett gehen, können Sie sich dann die Zeit nehmen und den Tag noch einmal reflektieren. Alles, wofür Sie dankbar sind, schreiben Sie dann in das Büchlein hinein. Wer es gerne schön mag, kann die Seite auch noch mit kleinen Bildchen schmücken.

Wie das dabei helfen soll, das positive Denken beizubehalten? Ganz einfach: Während Sie Ihren Tag noch einmal genauer betrachten, legen Sie Ihren Fokus auf die positiven Erlebnisse. Das schafft wiederum ein positives Gefühl und hilft Ihnen dabei, Ihr Bewusstsein eben nur auf die positiven Dinge zu lenken.

Am Anfang mag das Ganze vielleicht noch etwas ungewohnt sein, aber ich verspreche Ihnen, je länger Sie das Tagebuch führen, desto einfacher wird es Ihnen fallen und Sie freuen sich schon darauf, etwas Neues hineinschreiben zu können. Im Übrigen kann man das Entstehen positiver Gefühle auch fördern, indem man das Geschriebene vom Vortag noch einmal liest und sich so an die schönen Momente erinnert.

Übung 2: Momente aufnehmen

Das Geheimnis für positives Denken im Alltag kann man mit einem einzigen Wort beschreiben: Achtsamkeit. Halten Sie im Alltag auch einmal inne und atmen Sie tief ein. Es muss nicht immer alles schnell ablaufen. Stellen Sie sich dabei die Frage, „Was passiert JETZT gerade an dem Ort, an dem ich mich befinde?" Der Fokus sollte dabei selbstverständlich auf den guten Dingen liegen. Nehmen Sie sich dafür Zeit. Schauen Sie genau hin und fokussieren Sie diesen positiven Moment. Lassen Sie sich auf das Gefühl ein, das sich dabei entwickelt.

Je öfter man diese Übung macht, desto schneller geht sie in das eigene Unterbewusstsein über. Das wiederum dient auch dazu, den Fokus im Alltag auf die positiven Dinge zu richten.

Übung 3: Lächeln

Wer lächelt, strahlt positiv von innen heraus. Lächeln Sie daher Ihre Mitmenschen an. Ist gerade niemand in der Nähe, den man anlächeln könnte, so sucht man sich einfach einen Spiegel und lächelt in diesen hinein. Warum? Sehen Sie selbst nach, es wird jemand zurückblicken, der es ebenfalls verdient hat, angelächelt zu werden. Beim Lächeln werden Glücksgefühle aktiviert und das Gesicht kann sich entspannen. Dadurch erreichen Sie ein gutes inneres Gefühl. Das beeinflusst natürlich auch die eigene Denkweise. Das Beste ist, Sie zögern nicht länger. Beginnen Sie, zu lächeln. Ja, Sie haben richtig gelesen. Ich meine genau jetzt in diesem Moment. Lassen Sie das Lächeln auf sich selbst wirken. Menschen, die andere Menschen anlächeln, werden meist damit belohnt, dass sie ebenfalls ein freundliches Lächeln bekommen. Das ist wohl eine der schönsten Möglichkeiten, Dankbarkeit auszudrücken. Für die ganz Mutigen: Gehen Sie doch einmal durch die Fußgängerzone Ihrer Stadt oder gerne auch durch die einer fremden Stadt und lächeln Sie einfach wildfremde Menschen an. Probieren Sie es und Sie werden überrascht sein, was geschehen wird.

5.4 ECHTE UND TIEFE VERBINDUNGEN MIT ANDEREN SCHNELL AUFBAUEN

Wenn es darum geht, dass wir zu anderen Menschen eine Verbindung aufbauen wollen, die nicht oberflächlich, sondern tiefgründig ist, sollten wir uns vielleicht erst einmal die Frage stellen, was Verbundenheit überhaupt ist. Schnell denken wir an eine Partnerschaft. Verbundenheit trifft aber nicht nur auf den Partner oder die Partnerin zu. Man kann auch mit anderen Menschen eine tiefe Verbindung haben, beispielsweise mit der besten Freundin, der eigenen Mutter, dem Vater oder gar mit den Geschwistern oder Großeltern. Verbundenheit ist also weitaus mehr als das Gefühl, das man in einer Partnerschaft erlebt.

Es bedeutet auch, dass man sich zu einer Gruppe oder einer Person „dazugehörig" fühlt und Nähe zueinander aufbaut. Menschen, die miteinander verbunden sind, fühlen sich vom anderen verstanden und gesehen. Es muss sich dabei nicht einmal um eine langjährige Bekanntschaft mit jemandem handeln. Auch flüchtige Momente können dieses Gefühl in uns auslösen.

Die Verbundenheit variiert, aber Sie können sich dennoch merken, dass der Effekt immer gleichbleibend ist. Man fühlt sich gut und erreicht ein hohes Glückslevel. Übrigens ist dies immer der Fall, wenn man seine Beziehungen verbessert.

Ich möchte Ihnen nun sechs Wege vorstellen, wie Sie Ihre Beziehungen zu Ihren Mitmenschen stärken und verbessern können und somit dafür sorgen, dass auch Ihr Glückslevel stetig wächst.

1) Schenken Sie Ihrem Gegenüber die volle Aufmerksamkeit

Gewiss denken Sie jetzt, dass dies ganz einfach ist, aber da muss ich Sie enttäuschen. Erinnern Sie sich doch einmal an Gespräche, bei denen Sie in Ihrem Kopf ganz woanders waren. Das zählt beispielsweise nicht als vollkommene Aufmerksamkeit für Ihr Gegenüber. Der Grund dafür, dass man während eines Gesprächs im Kopf längst anderswo verweilt, ist die rasende Zeit oder auch die Vielzahl an Aufgaben, die es noch zu erledigen gilt. Alles will Ihre Aufmerksamkeit.

Über Frauen wird oft gesagt, dass sie die Fähigkeit besitzen, multitaskingfähig zu sein. Aber seien wir doch einmal ehrlich: Man kann einfach nicht mehreren Dingen gleichzeitig die volle Aufmerksamkeit schenken. Wenn man also mit jemandem telefoniert und nebenher noch etwas anderes macht, beispielsweise Onlineshopping, ist es nicht möglich, wirklich tiefgehende Gespräche zu führen. Die Aufmerksamkeit ist nicht auf eine Sache gerichtet, wodurch man eben nicht alles mitbekommt, was der andere erzählt.

Demzufolge ist das der erste wichtige Schritt, um seinem Gegenüber tatsächlich die volle Aufmerksamkeit zu schenken:

Seien Sie bereit, dem anderen den Vorrang zu geben, und beschäftigen Sie sich nicht mit anderen Dingen.

Fazit von Lektion 1: Wer wirklich aufmerksam ist, schafft Verbundenheit und verbessert somit die Beziehung zu seinem Gegenüber.

2) Empathisches und vor allem aktives Zuhören will gelernt sein

Wenn Sie Ihrem Gesprächspartner aktiv zuhören, haben Sie bereits die halbe Miete erzielt, denn so gelingt es Ihnen, sich auf Ihr Gegenüber einzulassen.

Häufig ist es jedoch so, dass wir alle, und da gibt es vermutlich keine Ausnahme, eher egoistisch sind. Warum? Wir warten nur darauf, dass der andere fertig wird, um die eigenen Sorgen ablegen zu können oder genau das Gegenteil zu tun, nämlich dem anderen zu erzählen, wie toll dieses oder jenes Erlebnis doch gewesen ist. Manchmal passiert es auch, dass wir unseren Redefluss gar nicht mehr stoppen können und alles aus uns herausplatzt. Sie können sich gewiss vorstellen, dass dies eher kontraproduktiv ist, wenn man tatsächliche Verbundenheit herstellen möchte.

Es ist besser, wenn man richtig zuhört und seine Konzentration darauf richtet, was der andere erzählt. Lassen Sie Ihre Gedanken einfach mal beiseite. Sogar mit der eigenen Körperhaltung kann man zeigen, dass man Interesse an seinem Gesprächspartner und dessen Geschichte hat. Halten Sie Blickkontakt, nicken Sie hin und wieder und wenden Sie sich dem anderen mit Ihrem Körper zu. Seien Sie ihm nahe.

Nutzen Sie zudem die Strategie des aktiven Zuhörens. So signalisieren Sie ernsthaftes Interesse und die Absicht, Ihr Gegenüber verstehen zu wollen. Die Strategie des aktiven Zuhörens besteht aus zwei wichtigen Techniken:

- 1. Paraphrasieren (Informationen mit eigenen Worten wiederholen)

Beispiel: „Habe ich das richtig verstanden? Dein Partner hatte in den letzten Wochen eher weniger Zeit für dich, aber für andere Dinge schon?"

- 2. Verbalisieren (Lesen Sie zwischen den Zeilen. Jetzt ist es wichtig, auf die emotionalen Botschaften des anderen einzugehen, indem man diese mit eigenen Worten wiedergibt. **Wichtig**: Hier macht der Ton die Musik! Bleiben Sie stets ruhig, empathisch und signalisieren Sie IHRE Wahrnehmung.)

Beispiel: „Ich habe das so verstanden, dass du misstrauisch bist und dich fragst, ob er dir irgendwas verheimlichen könnte."

Bei dieser Technik geht es um das Zuhören, damit man den anderen auch versteht. Wenn Sie sich anhand dieser Strategie auf Ihr Gegenüber einlassen, nehmen Sie wirklich am Gespräch teil und zeigen Ihre Neugier sowie Ihr Interesse. Probieren Sie es einfach aus und Sie werden merken, dass diese Technik tatsächlich sehr effektiv sein kann und Verbundenheit schafft.

3) Zeigen Sie Wertschätzung und Dankbarkeit

Jeder Mensch weiß seine Liebsten sehr zu schätzen und gewiss ist auch jeder eben diesen Menschen sehr dankbar. Die Frage ist nur, ob man es ihnen auch genug zeigt. Nehmen Sie sich einen Moment und denken Sie über folgende Punkte einmal genauer nach:

- Welche Menschen sind Ihnen die wichtigsten?
- Welche Menschen geben Ihnen die notwendige Energie?
- Wer baut Sie auf und stärkt Sie in schweren Zeiten?
- Wer zaubert Ihnen immer wieder aufs Neue ein Lächeln ins Gesicht?
- Bei wem können Sie vollkommen Sie selbst sein und bei wem fühlen Sie sich am wohlsten?
- Wer kann Sie wirklich sehen, verstehen und lieben, wie Sie sind?

Ich nehme an, dass Ihr inneres Auge gerade ein paar Gesichter erkannt hat. Das ist perfekt. Jetzt können Sie sich für eben diese Menschen überlegen, wie Sie ihnen Dankbarkeit und Wertschätzung entgegenbringen können.

- Basteln Sie etwas Nettes, schreiben Sie einen Brief oder eine Karte.
- Überlegen Sie sich ein gut durchdachtes und persönliches Geschenk.
- Bereiten Sie einen schönen Abend vor.

Seien Sie kreativ und überraschen Sie die Person mit etwas Neuem, womit sie vielleicht nicht gerechnet hätte. Freuen Sie sich auf die Reaktion dieser Person, denn Sie werden mit jeder Menge Wärme und Glück erfüllt werden. Das schafft wieder ein Stück mehr Verbundenheit.

4) Nehmen Sie sich Zeit!

Ehe Sie jetzt direkt weiterlesen, sollten Sie einmal ganz ehrlich zu sich selbst sein:

Nehmen Sie sich tatsächlich genügend Zeit für Ihre liebsten Menschen? Sind Sie zufrieden mit der Häufigkeit des Kontaktes? Stehen sie auf Ihrer Liste da, wo sie auch tatsächlich stehen sollten? Ich denke, die Antwort wird Sie erst einmal schlucken lassen, denn oftmals haben wir tatsächlich nicht genug Zeit für unsere Liebsten.

Auch wenn man sich gewisse Dinge immer wieder fest vornimmt, so funkt der Alltag schneller dazwischen, als einem lieb ist. Stellen Sie sich am besten einmal folgende Frage und antworten Sie ganz ehrlich darauf: Was ist wichtiger als die Beziehung zu den eigenen Lieblingsmenschen?

Die Entscheidung, wie viel Zeit wir tatsächlich für die Menschen haben, die uns so wichtig sind, liegt bei jedem selbst. Sie müssen Prioritäten setzen. Sie sollten sich immer Zeit nehmen, vor allem für Menschen, die Ihnen wirklich am Herzen liegen! Und auch wenn der Alltag für jeden von uns zahlreiche Aufgaben bereithält, so ist es dennoch wichtig, sich die Zeit für andere zu nehmen, die man sich wirklich nehmen möchte.

Ich möchte Ihnen ein paar hilfreiche Tipps dafür mit auf den Weg geben:

- Richten Sie wöchentliche Anruf- oder gar Videoanruftermine mit dem besten Freund/der besten Freundin ein. So sind Sie immer Up-to-date!
- Nutzen Sie Mittagspausen für gemeinsame Spaziergänge mit den Lieblingskollegen.
- Fahren Sie jeden vierten Mittwoch direkt nach der Arbeit bei der Familie vorbei.
- Schicken Sie Fotos oder Sprachnachrichten, wenn ein persönlicher Besuch nicht drin ist. Manchmal spielt auch die Entfernung eine wichtige Rolle.

Seien Sie bereit, dann ist alles möglich! Nehmen Sie die privaten Termine ebenso wichtig wie andere Angelegenheiten. Gemeinsame Zeit stärkt die Verbundenheit mit am meisten.

5) Lassen Sie die eigene Deckung fallen

Manchmal baut man eine Mauer um sich herum auf. Die Gründe dafür können sehr vielseitig sein.

- Vertrauensprobleme, da man in der Vergangenheit negative Dinge erlebte
- Man möchte anderen nicht zur Last fallen und stark sein
- Angst davor, man könnte sich lächerlich machen
- Angst, nicht akzeptiert zu werden

Wer eine wertschätzende Beziehung und echte Verbundenheit aufbauen möchte, sollte aber lernen, sich auch selbst zu öffnen. Das schafft Vertrauen, Intimität und Sicherheit. Zeigen Sie sich ruhig verletzlich. Teilen Sie dem anderen mit, was Ihnen zu schaffen macht. Zudem erhält Ihr Gegenüber so die Chance, Ihr wahres Ich kennenzulernen. Haben Sie Probleme damit, sich anderen gegenüber zu öffnen? Dann ist es wichtig, zunächst herauszufinden, woran das liegt:

- Was macht Ihnen Angst?
- Wofür schämen Sie sich?
- Was kann das Schlimmste sein, das geschehen könnte?

Im letzten Fall wäre die Antwort wahrscheinlich, dass es das Schlimmste ist, den Menschen zu verlieren. Aber ich möchte Ihnen auch sagen, dass dies manchmal eine bessere Alternative ist. Immerhin möchte man keine Menschen in seinem Leben haben, die einen gar nicht richtig kennen oder bei denen man nicht so sein kann, wie man wirklich ist.

Springen Sie über Ihren Schatten und zeigen Sie der Welt, wer Sie sind und wie Sie sind! Menschen, bei denen Sie sich wohlfühlen, können und sollten Sie durchaus auch hinter die Fassade blicken lassen.

6) Begeisterung teilen

Das Hobby, die persönliche Leidenschaft, ein Buch oder ein Film – alles kann man mit anderen Menschen teilen. Zeigen Sie, wie sehr es Sie begeistert und dass Sie regelrecht dafür brennen. Lassen Sie das Feuer brennen und nicht ausgehen! Sie müssen keine Angst haben, zu übertreiben oder auf andere komisch zu wirken.

Ihre Augen werden leuchten, wenn Sie von Dingen berichten, die Sie lieben. Sie strahlen pure und bedingungslose Begeisterung aus. Damit können Sie andere mitreißen, sie sogar inspirieren. Auch das Teilen schafft demnach Verbundenheit.

So verhelfen Sie anderen zu Selbstvertrauen. Vielleicht öffnen diese sich dann ebenfalls und erzählen, wofür sie sich begeistern. Zudem lassen sich Gemeinsamkeiten so ganz einfach finden, vielleicht teilt man ja ein Hobby und kann es später zusammen ausführen? Das schafft Nähe, denn man erkennt in dem anderen so auch einen Teil von sich selbst wieder.

5.5 GRÜBELN STOPPEN & INNERE RUHE FINDEN

Der Alltag kann manchmal ganz schön herausfordernd sein, sodass man auch nach der Arbeit nicht zur Ruhe findet. Ich bin mir sicher, dass es auch Ihnen hin und wieder so ergeht. Und genau aus diesem Grund möchte ich Ihnen fünf Tipps mit auf den Weg geben, wie Sie innere Ruhe finden können.

1) Atemübungen

Stress, Angst, Übelkeit oder ein Karussell aus zahlreichen Gedanken. Das alles sind Dinge, die es uns schwer machen können, positiv zu denken. Die Anwendung verschiedener Atemübungen kann hier jedoch Abhilfe schaffen und das nicht nur in akuten Situationen, sondern auch langfristig.

Durch Atmen versorgen wir unseren Körper mit Sauerstoff. Wenn wir uns auf die eigene Atmung konzentrieren, lassen wir den negativen Gedanken keinen Platz.

Eine ganz einfache Übung hierfür ist folgende:

Legen Sie Ihre Hand flach auf Ihren Bauch. Atmen Sie jetzt langsam und gleichmäßig ein und aus. Mit jedem Atemzug atmen Sie ganz bewusst gegen Ihre Handfläche. Der Atem kann sich so wunderbar vertiefen und bis in Ihren Bauchraum hineinfließen. Das beruhigt Sie von innen heraus.

Eine weitere Übung ist die 4-7-8 Methode:

Atmen Sie vier Sekunden lang ein. Halten Sie anschließend für sieben Sekunden die Luft an und atmen Sie dann acht Sekunden lang aus. Wiederholen Sie diese Übung einige Male. Mit ein wenig Übung kann die Methode sehr viel Entspannung mit sich bringen. Die negativen Gedanken und Grübeleien werden durch das Mitzählen gestoppt.

2) Meditation

Die meisten Menschen haben Meditation wahrscheinlich schon einmal ausprobiert, jedoch nach gewisser Zeit wieder aufgegeben. Der Grund dafür ist, dass das stille Dasitzen und der Versuch, an nichts zu denken, die negativen Gedanken und die innere Unruhe nur noch mehr reizen, zumindest scheint das so.

Neueinsteiger sollten daher nicht versuchen, allein zu meditieren, sondern sich einer Gruppe anschließen und an geführten Meditationen teilnehmen. Hier gibt es einen Meditationsleiter, der die Stille durchbricht. Mit erzählten Bildern und Geschichten lenkt er die Aufmerksamkeit auf sich.

3) Achtsamkeitsübungen

Mit diesen Übungen sollen Sie erreichen, Ihre Aufmerksamkeit auf die positiven Dinge zu richten, die sich tagtäglich ereignen. Dabei spielt es gar keine Rolle, wie groß oder klein diese Dinge sind.

Sie können beispielsweise am Morgen in ein Buch schreiben, worauf Sie sich an diesem Tag besonders freuen. Am Abend wird das Buch wieder zur Hand genommen und man schreibt dann hinein, was einem an diesem Tag besonders gut gefallen hat.

Wichtig dabei ist, dass man sich kurzfasst und keinen Roman schreibt. Kleine Stichpunkte reichen bereits aus, um über die positiven Dinge nachzudenken.

4) Bewegung fördert Ausgeglichenheit

Wer sich sportlich betätigt, fördert die Freisetzung von Endorphinen (Glückshormonen). Diese helfen uns dabei, Stress zu hemmen und vor allem, uns glücklich zu fühlen. Wer sich sportlich betätigt, lenkt die eigene Aufmerksamkeit auf die körperliche Anstrengung und lässt keinen Platz für negative Gedanken und Grübeleien.

Die beste Zeit, sich sportlich zu betätigen, ist der frühe Morgen, denn hier ist unsere Motivation am höchsten und der Kreislauf wird angekurbelt. Wussten Sie schon, dass Sport am Morgen auch die Qualität unseres Schlafes verbessert? Wenn man gut geschlafen hat, ist man ausgeglichener und verspürt innere Ruhe und Zufriedenheit.

5) Einsatz von pflanzlichen Heilmitteln

Manchmal quälen einen Stress und Sorgen sogar nachts und rauben uns den notwendigen Schlaf. Oftmals helfen die vorgestellten Übungen dann auch nicht viel, um innerlich ruhiger zu werden und abschalten zu können. Unser Gehirn benötigt dann unsere Hilfe. Diese können wir ihm geben, wenn wir auf die Kraft der Pflanzen setzen. Lavendel ist ganz besonders gut geeignet. Setzt man beispielsweise Duftöl ein, werden die Botenstoffe unseres Gehirns wieder ins Gleichgewicht gebracht. Dadurch löst sich unsere innere Unruhe von ganz allein.

Natürliche Heilmittel haben zudem zahlreiche Vorteile:

- Gute Verträglichkeit
- Keine Wechselwirkungen mit anderen Medikamenten bekannt
- Macht nicht müde (am Tag)
- Keine Gefahr von Abhängigkeit oder Gewöhnungseffekt

5.6 DIE KRAFT DER GEDANKEN: WIE SIE MITHILFE POSITIVER PSYCHOLOGIE DEN RICHTIGEN GLAUBENSSATZ AUFBAUEN - NEGATIVE GLAUBENSSÄTZE AUFLÖSEN

Negative Gedanken treten immer wieder auf, ob man sie will oder nicht. Es ist daher wichtig, dass man lernt, sie zu entlarven. In diesem Abschnitt möchte ich Ihnen zeigen, wie Ihnen genau das gelingen kann.

1) Enttarnen der negativen Glaubenssätze

Wer seine negativen Glaubenssätze loswerden möchte, muss sie natürlich erst einmal erkennen. Leider ist es so, dass sie sich oft in unserem Unterbewusstsein verstecken und das sogar ziemlich gut. Wenn auch Sie Ihre negativen Glaubenssätze erkennen und finden wollen, sollten Sie sich einen Zettel und einen Stift schnappen. Schreiben Sie sich zu folgenden drei Punkten das auf, was Ihnen einfällt:

- Negative Glaubenssätze in Form von Sprüchen, Redensarten oder Zitaten
- Lebensbereiche, in denen es nicht so gut läuft
- Die eigenen Emotionen als Sensor

Wichtig: Diese Liste sollte jederzeit ergänzt werden, denn es ist so, dass Ihnen nach und nach immer mehr negative Glaubenssätze einfallen werden. Diese sollten Sie daher sofort aufschreiben.

2) Die Vorlese-Methode

Jetzt haben Sie eine Liste, auf der Ihre negativen Glaubenssätze festgehalten sind. Lesen Sie sich diese noch einmal komplett durch. Sollte Ihnen bei manchen Punkten noch mehr einfallen, notieren Sie Ihre Gedanken sofort. Wenn Sie bei einigen dieser Punkte jedoch denken, was das für ein Quatsch ist, haben Sie diesen negativen Glaubenssatz bereits aufgelöst und können ihn von der Liste streichen.

Lesen Sie sich nun alle anderen Glaubenssätze noch einmal selbst laut vor. Natürlich wird sich das nicht besonders gut anfühlen, aber haben Sie keine Angst, dieses ungute Gefühl geht gleich vorüber.

Wichtig: Wir alle haben negative Glaubenssätze immer in uns. Diese vermitteln auch immer ein schlechtes Gefühl. Der Tatsache sind wir uns jedoch nicht bewusst. Wenn wir uns aber laut vorlesen, was wir notiert haben, bemerken wir, was wir uns innerlich mit diesen negativen Glaubenssätzen antun.

Die Gefühle, die in diesem Moment aufkommen, können Sie einfach zulassen, jetzt brauchen Sie nichts sonst zu tun. Wenn Sie spüren, was diese negativen Glaubenssätze mit Ihnen machen, lösen sie sich von allein auf. Dann geht es Ihnen deutlich besser.

Damit die Übung noch etwas effektiver wird, können Sie sich Ihre Liste von jemand anderem vorlesen lassen. Wählen Sie hierfür jedoch eine Person, die Ihr volles Vertrauen genießt.

3) Löchern Sie die negativen Glaubenssätze mit Fragen

Tatsächlich ist es so, dass viele der notierten Glaubenssätze bereits in Schritt 2 aufgelöst werden. Andere sind wiederum sehr hartnäckig und bleiben bestehen. Dabei spielt es nicht einmal eine Rolle, wie schlecht man sich selbst fühlt, wenn man sich diese vorliest. Hilfreich ist es, den eigenen Verstand um Hilfe zu bitten. Sie können die einzelnen negativen Glaubenssätze beispielsweise so hinterfragen:

- Ist das tatsächlich die Wahrheit?
- Trifft das wirklich immer und auf jeden zu?
- Wie wäre mein Leben wohl ohne diesen negativen Glaubenssatz?

Diese drei Fragen helfen Ihnen tatsächlich dabei, wirklich jeden Glaubenssatz als Unsinn zu enttarnen. Daraus folgt, dass diese Gedanken keine negative Wirkung mehr auf Sie haben.

4) Die Glaubenssatz-Transformator-Technik

Sollten nun noch immer negative Glaubenssätze bestehen, ist es an der Zeit, diese in positive Glaubenssätze zu verwandeln.

Hierfür nehmen Sie sich wieder Ihre Liste und ein zweites Blatt. Lesen Sie sich nun den ersten negativen Glaubenssatz durch. Auf dem zweiten Blatt formulieren Sie ihn dann positiv. Das machen Sie auch mit den anderen Punkten, die auf Ihrer ersten Liste stehen.

Wichtig ist, dass Sie darauf achten, die Sätze tatsächlich positiv zu formulieren. Machen Sie keine Nicht-Sätze beziehungsweise Kein-Sätze daraus.

Beispiel:

Negativer Glaubenssatz: „Dafür bin ich zu dumm."

Falsch: „Ich bin nicht zu dumm."

Richtig: „Ich kann täglich jede Menge lernen."

Gehen Sie bei Ihrer Umformulierung auf diese Weise vor. Das Ergebnis ist dann ein Blatt, auf dem Sie ausschließlich positive Glaubenssätze finden.

5) Die positive Wäsche des Gehirns

Jetzt haben Sie eine Liste mit positiven Glaubenssätzen. Aber was machen Sie nun damit? Die Antwort darauf lautet: Die positiven Glaubenssätze müssen nun in Ihrem Unterbewusstsein verankert werden. Dieses Ziel erreichen Sie, wenn Sie die Punkte in Ihren Gedanken immer wieder wiederholen. Mit der Zeit werden sich diese regelrecht in Ihr Gehirn fressen und so auch in Ihr Unterbewusstsein gelangen.

Am besten ist es, wenn Sie sich Ihre Liste am Morgen und am Abend einmal laut durchlesen. Sie können diese Glaubenssätze auch als eine Art Mantra benutzen und sie sich hin und wieder leise vorsingen.

Wichtig: Sie sollten immer darauf achten, dass sich Ihre positiven Glaubenssätze auch glaubwürdig für Sie anhören. Wer zum Beispiel gedacht hat, „Ich bin dick", wird mit dem neuen Glaubenssatz, „Ich habe eine tolle Figur", nicht viel bewirken können. Wir alle haben einen inneren Kritiker und dieser würde hier sofort auf die Barrikaden gehen. Hierfür gibt es jedoch einen wunderbaren Trick: Wandeln Sie den positiven Glaubenssatz einfach in eine Frage um. Beispiel: „Wie bekomme ich eine tolle Figur?" So machen Sie Ihren inneren Kritiker sprachlos und Sie haben nun die Macht über Ihre Gedanken und können nach Lösungen suchen.

6) Entlarven Sie die Lügen!

Tatsache ist, dass negative Glaubenssätze mitunter sehr hartnäckig sein können. Der Grund dafür ist, dass wir sie uns im Unterbewusstsein ständig beweisen.

- Unsere Wahrnehmung wird automatisch auf das gerichtet, was den negativen Glaubenssatz untermauert.
- Unterbewusst werden die Gegenbeweise komplett ausgeblendet.
- Der Glaubenssatz wird durch unser Verhalten gefestigt.

Wenn man das Muster tatsächlich durchbrechen will, muss man sich Gegenbeweise beschaffen. Diese lassen sich bei anderen Menschen finden, aber idealerweise schon bei uns selbst. Und das müssen Sie dafür tun:

- Machen Sie Übung 3 und hinterfragen Sie den Wahrheitsgehalt.
- Suchen Sie aktiv nach Gegenbeweisen (Internet, Ihre Umgebung, ...).
- Finden Sie Gegenbeweise in der Vergangenheit, wo Ihr Glaubenssatz eben nicht gestimmt hat.
- Sammeln Sie gezielt neue Erfahrungen, um positive Glaubenssätze zu bestätigen.

Jeder Gegenbeweis, der sich finden lässt, ist eine Bestätigung und ein Signal für das Gehirn, dass das, was man all die Jahre glaubte, falsch war. Auf diese Weise lassen sich die negativen Glaubenssätze sofort lösen.

Zusammenfassung:

- 1) Enttarnen der negativen Glaubenssätze
- 2) Die Vorlese-Methode
- 3) Löchern Sie die negativen Glaubenssätze mit Fragen
- 4) Die Glaubenssatz-Transformator-Technik
- 5) Die positive Wäsche des Gehirns
- 6) Entlarven Sie die Lügen!

Abschließend möchte ich Ihnen noch zwei Spezialtricks mit auf den Weg geben:

Trick Nummer 1: Negative Glaubenssätze gehören auf den Scheiterhaufen

Schreiben Sie alle Ihre negativen Glaubenssätze auf einen Zettel. Lesen Sie diesen noch einmal durch und fühlen Sie, welche Emotionen dabei ausgelöst werden. Sagen Sie jedem Glaubenssatz innerlich Danke und denken Sie dabei: „Danke, dass du mich begleitet hast, aber jetzt brauche ich dich nicht länger.“ Bereiten Sie nun eine kleine Feuerschale vor und verbrennen Sie den Zettel.

Trick Nummer 2: Der Spieß wird umgedreht

Man kann sagen, dass dies eine Variation der Vorlesemethode ist. Auch hierfür brauchen Sie eine Liste mit Ihren negativen Glaubenssätzen, eine weitere Liste mit positiven Formulierungen und ein bisschen Platz.

Nehmen Sie sich als Erstes die Liste mit den negativen Glaubenssätzen. Gehen Sie nun langsam im Kreis. Dabei lesen Sie sich die Liste laut vor. Im Anschluss daran nehmen Sie sich die Liste mit den positiven Formulierungen. Gehen Sie nun erneut im Kreis, dieses Mal jedoch in die andere Richtung, und lesen Sie sich die Liste ebenfalls laut vor. Achten Sie dabei auf Ihre Gefühle. Fühlen Sie sich gut? Sollten Sie sich immer noch schlecht fühlen, können Sie die Übung noch einmal komplett wiederholen.

Diese Technik hat den Vorteil, dass man mehrere negative Glaubenssätze auf einmal auflösen kann.

Kapitel 6 Menschen entschlüsseln, Manipulationen erkennen und selbst anwenden

Der Mensch ist ein unergründbares Rätsel. Er hat Geheimnisse und man kann seine Gedanken nicht lesen. Natürlich ist das gut so. Denken Sie nur einmal daran, wie es für Sie wäre, wenn jeder Mensch Ihre Gedankengänge kennen würde.

Tatsache ist aber auch, dass manche Menschen sehr gut manipulieren können, beispielsweise durch bestimmte Blicke oder Verhaltensweisen. Das kann mitunter gefährlich werden. Es gibt Menschen, die so weit gehen, ihr Gegenüber so stark zu manipulieren, dass dieses Dinge tut, die es eigentlich gar nicht tun wollte.

Die Manipulationsversuche anderer zu erkennen, kann sich als durchaus schwierig erweisen. Damit Sie sich davor schützen können, ist es notwendig, sie zu bemerken. Wie das funktioniert und wie Sie die Manipulationsversuche anderer sogar für sich nutzen können, möchte ich Ihnen hier zeigen.

1) Achten Sie auf die Augenfarbe Ihres Gegenübers

Wer neue Menschen kennenlernt, sollte Ihnen bei Gesprächen immer in die Augen schauen. Das vermittelt Selbstsicherheit. Wenn Sie den Augenkontakt dann auch noch mit Ruhe und Gelassenheit in Verbindung bringen, werden Sie von Ihrem Gesprächspartner belohnt werden, nämlich mit dessen Aufmerksamkeit. Versuchen Sie, die Augenfarbe des anderen zu erkennen, und sagen Sie ihm, welche es ist. Die Freude über Ihr Interesse wird groß sein. Denken Sie dabei immer auch an sich selbst. Wie würden Sie reagieren, wenn ein anderer Mensch auf Sie zukommt, den Blickkontakt sucht und auch hält? Wie ist es mit jenen Menschen, die während einer Unterhaltung woanders hinsehen? Wie würden Sie reagieren, wenn Ihr Gesprächspartner sich für die Farbe Ihrer Augen interessiert?

2) Auftreten, Händedruck – der erste Eindruck

Es ist tatsächlich so, dass der erste Eindruck, den man hinterlässt, entscheidend ist, da sich dieser fest im Gehirn des anderen verankert. Er ist dafür verantwortlich, wie Ihr Gegenüber die folgenden Eindrücke interpretieren wird. Durch den dominanten ersten Eindruck werden die anderen Eigenschaften einer Person oftmals nicht gesehen, ja, manchmal sogar übersehen.

Haben wir einen ersten Eindruck von einer Person, so ist dies die Basis dafür, ob wir den Menschen als angenehm oder unangenehm, als sympathisch oder unsympathisch ansehen.

Es ist daher enorm wichtig, dass man selbstsicher auftritt. Dazu zählt auch der Händedruck bei einer Begrüßung. Achten Sie darauf, dass er kräftig und trocken ist. Es kann alles andere als schön sein, wenn die Hand des Gegenübers wie ein nasser Aal in der eigenen liegt. Bei anderen Menschen fragen Sie sich, ob Sie Ihre Hand vielleicht in einen Schraubstock gelegt haben, der sie zerquetschen will. Versuchen Sie, einen guten Mittelweg zu finden. Die Körperhaltung ist ebenfalls wichtig, denn wer die Schultern hängen lässt, vermittelt keine Selbstsicherheit, sondern Unsicherheit.

3) Manipulation durch Sprache – Handeln wie Könige

Small Talk kann durchaus nützlich sein, wenn man ihn anwendet, um erste Kontakte zu anderen zu knüpfen. Er kann aber auch tödlich sein, wenn man sein Gegenüber damit einfach nur langweilt.

Merken Sie sich daher:

„Ein König handelt vollkommen anders! Wer mächtig ist, fängt da an zu reden, wo es auch tatsächlich losgeht. Es wird nicht um den heißen Brei geredet. Könige lassen sich nicht aus der Ruhe bringen, sie nehmen sich Zeit und legen auch hin und wieder Pausen ein. Gestik vor Sprache, das ist die Devise eines Königs! Der Anfang ist immer anders.“

Menschen sind tatsächlich durch Sprache manipulierbar. Es gibt Personen, die andere in Gesprächen sogar ganz unterbewusst manipulieren können. Das funktioniert beispielsweise so, dass man das Gespräch direkt in die Bahn lenkt, in der man es haben will, und nicht erst mit Small Talk beginnt.

Gesten während eines Gesprächs dienen dazu, das Gesagte noch einmal zu untermauern und ihm etwas mehr Gewicht zu verleihen. Wenn man die Gesten allerdings erst nach dem Gesagten einsetzt, wirkt das ziemlich unbeholfen, was dem Gegenüber Unsicherheit vermittelt.

4) Den Halo-Effekt nutzen

Was ist überhaupt der Halo-Effekt? Ehe es im Text weitergeht, sollten wir uns diesen kurz etwas genauer ansehen: Dahinter verbirgt sich eine kognitive Verzerrung. Die Ursache hierfür ist der erste, aber eben falsche Eindruck, der den Menschen beeinflusst. Ein Mensch, der selbstbewusst ist, betritt die Bühne immer, ohne zu zögern und mit erhobenem Kopf. Die anderen Merkmale werden durch das Auftreten überstrahlt. Der Mensch hat sozusagen einen „Heiligenschein". So ist es auch mit den ersten Eindrücken hinsichtlich der Charakterzüge einer Person. Hat man den Eindruck, dass jemand neidisch ist, wird auch die grundlegende Wahrnehmung all seiner Eigenschaften verändert.

- Introvertierte Menschen sieht man dann oftmals als egoistisch an.
- Sparsame Menschen sind Geizhälse.
- Wer schüchtern ist, den nimmt man als eingebildet wahr.

Warum das geschieht? Nun, unser Gehirn versucht, die neugewonnenen Informationen mit den bereits vorhandenen zu kombinieren, um ein klares Bild zu erlangen.

5) Das eigene Aussehen

Ja, auch das spielt beim ersten Eindruck, den man vermittelt, eine wichtige Rolle.

- Attraktive Menschen sind sozial kompetenter.
- Als intellektuell und intelligent gelten Brillenträger.
- Menschen mit Übergewicht sind gutmütig.

All das sind Vorurteile oder, anders gesagt, die Reaktionen unseres Gehirns. Diese werden durch den ersten Eindruck, den wir von einem Menschen haben, bereits dominiert, auch wenn er noch nicht ein einziges Wort gesprochen hat.

Es ist daher wichtig, auch auf das eigene Aussehen zu achten. Sport und gesunde Ernährung sorgen nicht nur dafür, dass man sich selbst besser fühlt. Ihre Mitmenschen nehmen Sie so auch positiver wahr.

6) Priming-Effekt

Priming ist die Erklärung für die Erleichterung einer Reaktion auf einen Zielreiz (Target) aufgrund der vorherigen Darbietung eines Bahnungsreizes (Prime). (Quelle: Online-Lexikon für Psychologie und Pädagogik)

Setzen Sie sich ganz bewusst höhere Richtwerte, an die dann die zukünftigen Schätzungen angepasst werden. Das kann man sich beispielsweise zunutze machen, wenn man bei einer Präsentation die Kosten für ein mögliches Projekt aufzeigen muss. Sind hohe Kosten erforderlich, sollten Sie im Vorfeld stark übertreiben. Wenn es dann an die tatsächliche Präsentation geht, werden die potenziellen Geldgeber weniger beeindruckt sein, denn sie erwarten meist noch höhere Kosten.

7) Füße und Körperstellung des Gegenübers

Auch die Füße und die Körperstellung eines Menschen können sehr viel über ihn aussagen. Wenn die Füße beim Gespräch auf Sie gerichtet sind, zeigt das Interesse. Ist das Gegenteil der Fall und nur der Körper ist Ihnen zugewandt, könnte es sein, dass Ihr Gesprächspartner weg möchte oder sich unwohl fühlt. Vielleicht hat er oder sie auch einfach keine Lust, sich mit Ihnen zu unterhalten. Achten Sie auch auf die eigenen Füße. Sie signalisieren Ihnen, was Ihr Unterbewusstsein längst weiß.

Wenn Sie neue Bekanntschaften schließen, sollten Sie darauf achten, Ihrem Gegenüber nicht auf den Pelz zu rücken und Ihren Körper etwas schräg seitlich zu halten. So vermeiden Sie, dass man Sie als aufdringlich wahrnimmt. Ihr Gegenüber sollte genügend Freiraum sowie die Möglichkeit erhalten, selbst etwas näher zu kommen.

8. Foot-in-the-door-Technik

Bitten Sie andere Menschen um kleine Gefallen, die nicht abgelehnt werden können. Auf diese Art und Weise ist es Ihnen möglich, einen Fuß in die Tür zu bekommen. Ist Ihnen das gelungen, können größere Bitten folgen, die seltener abgelehnt werden. Eine Verpflichtung, die einmal eingegangen wurde, aktiviert das positive Selbstbild einer hilfreichen Person. Von diesem kann man sich nur schwer trennen.

Je mehr andere Menschen für einen tun, desto wichtiger ist man für diese Menschen. Diese Personen bekommen das Gefühl, Sie zu mögen. Wenn Sie zudem zeigen, dass Sie dankbar sind und das hilfsbereite Verhalten loben, werden eben diese Personen auch weiterhin etwas für Sie tun.

9) Pacing oder Spiegeln

Pacing ist ein Begriff des neurolinguistischen Programmierens (NLP) und meint, dass man den eigenen Schritt an den von anderen Personen anpasst. Wichtig dabei ist, dass nicht übertrieben wird und das Ganze respektvoll vonstattengeht. Alles andere würde nur zum Gegenteil führen.

Hier ein paar Beispiele:

- Stimmhöhe
- Sprechgeschwindigkeit
- Sprechlautstärke
- Satzmelodie
- Atemfrequenz
- Atemtiefe
- Räuspern
- Gähnen
- Husten
- Körperhaltung
- Bewegung

- Gestik
- Mimik
- Tonfall
- Worte
- Sprachliche Besonderheiten
- Fachbegriffe
- Fröhlichkeit
- Nachdenklichkeit
- Steifheit

10) Wer sich begeistert, wird begeistert

Wir Menschen erinnern uns immer daran, was andere sagen. Ganz besonders erinnern wir uns jedoch an die Gefühle dabei. Daher ist es wichtig, dass man sich immer fragt, ob es dem anderen tatsächlich besser geht, wenn man eine bestimmte Handlung ausführt oder etwas Bestimmtes sagt. Vielleicht ist nämlich manchmal genau das Gegenteil der Fall.

Kapitel 7 Emotionsregulation

Jeder Mensch hat Gefühle und diese sind auch wichtig. Menschen, die ihre eigenen Gefühle dauerhaft unterdrücken, laufen Gefahr, psychisch zu erkranken. Allerdings ist es auch äußerst wichtig, die eigenen Emotionen regulieren zu können.

Stellen Sie sich einmal vor, wir würden in allen möglichen Situationen unserem Ärger Luft machen. Das wäre für keinen Menschen schön. Bereits Kinder lernen, dass man die eigenen Emotionen regulieren muss. Erwachsene sind reifer und können das eigene Handeln und dessen Konsequenzen besser abschätzen. Wir wissen, welches Verhalten angebracht ist und welches nicht. Sich zurückzuhalten ist immer davon abhängig, wie stark wir betroffen sind und welche Handlungsstrategien wir kennen.

Definition: Ist die Sprache von Emotionsregulation, geht es immer um die Kontrolle der eigenen Gefühle.

Früher sah man Emotionen als Ballast an. Heutzutage ist ihre Bedeutung jedoch umstritten. Bewiesen ist, dass unsere Emotionen unser Verhalten steuern. In der Steinzeit war es daher ganz entscheidend, welchen Emotionen man ausgesetzt war. Jene Menschen, die vor einem Säbelzahntiger keinerlei Angst hatten, wurden von ihm gefressen. Wenn ein Mensch also ausreichend Gefühle hatte, war sein Überleben gesichert.

Heute ist es so, dass man zwischen Gefühl und Verstand keinen Gegensatz mehr sieht. Demnach ist es auch logisch, dass zwischen Gefühlen, die unterdrückt werden, und der eigenen psychischen Gesundheit ein Zusammenhang besteht. Der Mensch ist daher zum Großteil selbst dafür verantwortlich, wie eine Situation interpretiert wird, wie er sich fühlt und wie er handelt. Es ist allerdings auch nicht so, dass wir unseren eigenen Emotionen hilflos ausgeliefert sind. Dabei spielt

Emotionsregulation eine große Rolle. Diesen Begriff kann man auf zwei Arten verstehen:

- Das Vorgehen, wie ein Mensch die eigenen Bedürfnisse beeinflusst
- Das Ergebnis eben dieser Bemühungen

Betrachtet man den Begriff noch etwas tiefgründiger, lässt er sich auch in eine externale und eine internale Emotionsregulation unterteilen. Die externale Emotionsregulation erkennt man in sozial erwünschten Verhaltensweisen. Ein Beispiel hierfür ist die Beherrschung der Stimme und der Tonlage. Die internale Emotionsregulation zeigt sich, wenn Menschen dazu in der Lage sind, Frustrationstoleranz an den Tag zu legen.

7.1 GRÜNDE, SEINE EMOTIONEN ZU REGULIEREN

Es gibt zahlreiche Gründe, weshalb es wichtig ist, die eigenen Emotionen regulieren und kontrollieren zu können.

- Bedrohungen
- Angebrachtheit in der Gesellschaft
- Stärkung der Selbstwirksamkeit
- Kontrolle
- Stärkung des eigenen Wohlbefindens
- Gesundheit
- Verhindert unschöne Situationen
- Sicherstellung, dass Konflikte nicht eskalieren
- Ausgewogenes Miteinander

Emotionsregulation kann sich auf Folgendes beziehen:

1) Auf positive und negative affektive Zustände Einfluss nehmen
Sie bestehen eine wichtige Prüfung, Ihr Freund jedoch nicht. Natürlich ist die Freude über den eigenen Erfolg sehr hoch, doch in diesem Moment ist es angebrachter, dem Freund Trost zu spenden. In diesem Fall drosselt man die eigenen Gefühle, um dem anderen nicht noch mehr unnötigen Schmerz zuzufügen.

Das Gleiche gilt auch, wenn man schlechte Laune hat und andere nicht. Nur weil Sie selbst nicht gut drauf sind, heißt es nicht, dass Sie andere darunter leiden lassen müssen.

2) Affektive Zustände verstärken und abschwächen
Manche Menschen suhlen sich regelrecht in ihren eigenen Erfolgen. Beispielsweise zieht jemand einen großen Auftrag an Land und muss in allen Einzelheiten davon berichten. Damit hält er sein eigenes Glücksgefühl wach. Andere Menschen wiederum können sehr nachtragend sein und müssen die Fehler anderer immer wieder auf den Tisch bringen.

Hierbei geht es um Emotionen, die kurzfristig sind und für die es einen eindeutigen Auslöser gibt. Es ist möglich, dass diese automatisch und unterbewusst reguliert werden können. Bevor die eigentliche Emotion überhaupt ausgelöst wird, finden bereits vier Interventionsmöglichkeiten statt.

Beispiel: In einer Firma gibt es einen Mitarbeiter, der sehr schüchtern ist. In naher Zukunft wird es ein Fest im Betrieb geben, was ihm Angst macht. Gewöhnlich vermeidet er große Menschenmengen.

Situationsauswahl
Es besteht die Option, verschiedene Möglichkeiten wahrzunehmen.

1. Aushalten der Ängste und zur Feier gehen

2. Ängste vermeiden und nicht auf die Feier gehen

Egal, wie er sich entscheiden wird, er trägt in beiden Varianten dazu bei, seine Gefühle/Emotionen zu moderieren.

Situationsmodifikation
Wenn der Mitarbeiter zusammen mit einem anderen Kollegen zum Fest geht, kontrolliert er seine Gefühle/Emotionen. Grund dafür ist, dass er die ursprüngliche Angstsituation, nämlich allein irgendwo hinzugehen, für sich verändert.

Lenkung der Aufmerksamkeit
Der schüchterne Mitarbeiter schluckt tapfer seine Ängste herunter, denn er geht schließlich zum Fest. Dort wird er sich möglichst auf eine Sache konzentrieren und nicht ständig über seine Ängste nachdenken.

Kognitive Neubewertung
Das bedeutet, dass auf der kognitiven Ebene des schüchternen Mitarbeiters ein Reframing (eine Technik, etwas umzudeuten) stattfindet. Ihm ist bewusst, dass er in der Vergangenheit bereits ähnliche Situationen meistern konnte und am Ende alles doch nicht so schlimm war.

Modulation der emotionalen Reaktion
Der schüchterne Mitarbeiter hat seine Emotionen bereits begriffen, denn er ist mittlerweile auf das Fest gegangen. Er spürt, dass sich eine Panikattacke anbahnt. Die Signale sind für ihn klar erkennbar und er steuert ganz bewusst dagegen an, beispielsweise durch bewusstes, langsames Atmen.

Hinweis: Es handelt sich nicht um Phasen, die hintereinander ablaufen, sondern um mögliche Verläufe der Situation.

7.2 EMOTIONSREGULIERUNG IN FÜNF PHASEN

1) **Situation**: Es geschieht etwas, beispielsweise klingelt das Bürotelefon. Es besteht nun die Wahl zwischen a) ans Telefon gehen oder b) das Telefon einfach weiterklingeln zu lassen.

2) **Aufmerksamkeit:** Jemand schildert ein Problem und Sie nehmen alle Informationen diesbezüglich auf.

3) **Bewertung**: Je nachdem, wie die Person am Telefon nun mit Ihnen spricht, werden Sie die Situation bewerten.

4) Gefühlsreaktion: Egal, welches Verhalten die Person an den Tag legt: Es wird sicherlich etwas bei Ihnen auslösen.

5) Emotionsregulation: Ist die Person unfreundlich und gereizt, muss man seine Emotionen zügeln. Das gilt vor allem dann, wenn man in einem Büro arbeitet und ein Kunde anruft, um sich zu beschweren. Wenn man ruhig und sachlich bleibt, kann man das Problem am ehesten klären.

7.3 DIE REGELUNG DER EMOTIONEN BEI KINDERN UND ERWACHSENEN

Sind Sie Mutter oder Vater? Dann kann ich Ihnen sagen, dass Sie ganz großen Einfluss darauf haben, wie stark sich die Regelung eigener Emotionen bei Kindern ausprägt. Der Grund dafür ist, dass Sie deren Bezugsperson sind! Kinder haben (im Normalfall) immer die eigenen Eltern als Vorbild, denn mit ihnen verbringen sie die meiste Zeit ihres Lebens. Doch damit Kinder ihre Emotionen gut regulieren können, müssen folgende Voraussetzungen geschaffen sein:

- Den Eltern liegt das Wohlbefinden des eigenen Kindes am Herzen.
- Eltern verstehen die Signale, die ihre Kinder vermitteln.
- Es wird lösungsorientiert darauf reagiert.

Damit diese Voraussetzungen erfüllt werden können, müssen Eltern natürlich selbst über ein gewisses Maß an emotionaler Intelligenz und Sozialkompetenz verfügen. Kinder, deren Eltern dazu in der Lage sind, die Ängste und Probleme ihrer Kinder zu sehen und auch ernst zu nehmen, werden viel eher dazu in der Lage sein, eigene Emotionen und Gefühle zu regulieren. Das gilt auch, wenn die Eltern in diesem Fall als gute Vorbilder fungieren. So lernen die Kinder selbst, dass man bestimmte Situationen erst einmal akzeptieren oder aber verändern kann.

Kapitel 8 Kommunizieren Sie durch Empathie effektiver, überzeugender und lösungsorientierter mit Ihren Mitmenschen

Seit geraumer Zeit ist Empathie ein regelrechtes Modewort geworden, so, wie viele andere Begriffe auch, die uns im alltäglichen Leben häufig begegnen und denen wir entweder eine positive oder eine negative Bedeutung auferlegen.

Empathie bedeutet zusammengefasst, dass man dazu fähig ist, sich in einen anderen Menschen hineinzuversetzen, mitzufühlen. So besteht die Möglichkeit, dass man andere besser verstehen kann. Dadurch fällt es auch leichter, effektiver miteinander zu kommunizieren.

8.1 WIE FUNKTIONIERT EMPATHIE? WIE FÜHLT MAN SICH IN EINEN ANDEREN MENSCHEN HINEIN?

Wer sich in einen anderen Menschen hineinfühlen möchte, der muss dazu fähig sein, diesen zu beobachten. Jeder Mensch sendet verbale, aber eben auch nonverbale Botschaften, während er mit anderen kommuniziert.

Achten Sie also nicht nur auf das Gesagte, sondern auch auf die Körpersprache Ihres Gesprächspartners. Wer seinem Gesprächspartner aufmerksam zuhört und sein Verhalten gut beobachtet, wird eher dazu in der Lage sein, ihn zu verstehen und schließlich auf ihn eingehen zu können. Ähnlich ist es auch bei den paraverbalen Botschaften, die uns der Gesprächspartner sendet. Das kann zum Beispiel ein Räuspern, eine veränderte Gesprächslautstärke oder ein Blinzeln sein. Die Stimme des Menschen beeinflusst auch die Stimmung. Sie kann uns verraten, wie sich der Gesprächspartner fühlt.

Grundsätzlich unterscheidet sich die empathische Kommunikation von anderen Kommunikationsmodellen. Wer empathisch kommuniziert, nimmt die Gefühlsregungen anderer und die dahintersteckenden Bedürfnisse wahr und kann sie auch widerspiegeln.

Empathisch zu kommunizieren, heißt aber nicht nur, die Gefühlswelt des anderen wahrzunehmen, sondern auch, die eigenen Bedürfnisse und Meinungen vermitteln zu können. Man kann die empathische Kommunikation mithilfe praktischer Übungen trainieren und ganz gezielt stärken. So ist es jedem Menschen möglich, die eigene Kommunikationsfähigkeit zu verbessern.

8.2 VORTEILE

- Eigene Bedürfnisse können besser ausgedrückt werden
- Eigene Wünsche können besser ausgedrückt werden
- Besseres Verständnis durch andere
- Empathisches Zuhören wird gelernt
- Man kann besser erkennen, was man selbst oder was andere benötigen
- Entwicklung von flexiblem Denken
- Umgang mit anderen wird erleichtert
- Verschiedene Sichtweisen
- Neue Ideen und produktive Gespräche sind möglich
- Bessere Führungskraft
- Echter Mehrwert kann geschaffen werden
- Man kann anderen besseres Feedback geben

8.3 WIE WIRD MAN SELBST EMPATHISCHER?

1) Stellen Sie Fragen.
Auch wenn es einfach klingt, schafft nicht jede Frage auch gleich Empathie. Manche Menschen sind darin wahre Meister, andere wiederum brauchen dafür etwas Übung.

2) Richtig zuhören
Vielen Menschen fällt es sehr leicht, anderen Lösungen oder Meinungen zu deren Problemen zu vermitteln. Aber das ist nicht der richtige Weg. Wenn man andere ermutigen möchte, selbst eine Lösung zu finden, setzt das voraus, dass man richtig zuhört und empathisch kommuniziert. Daher ist es wichtig, immer auf die nonverbalen Signale des anderen zu achten. Von großer Bedeutung ist es auch, Feedback zum Gesagten zu geben und auf dieses einzugehen.

3) Interkulturelle Kompetenz
Welchen kulturellen Hintergrund eine Person hat, spielt tatsächlich eine große Rolle hinsichtlich ihrer Kommunikation und Handlungen. Fettnäpfchen können ganz einfach vermieden werden, wenn man sich ein gewisses Grundwissen zu verschiedenen Kulturen und Religionen aneignet. So ist auch mehr Verständnis dafür da, wie direkt man kommunizieren darf und was eher unangebracht erscheint. Es zeugt zudem von Respekt dem anderen gegenüber. Das trifft auch zu, wenn man oberflächliche Sprachkenntnisse in fremden Sprachen hat. Es macht zudem immer einen guten Eindruck.

4) Sie sind nun der Verteidiger
Oftmals wird gesagt, dass es wichtig ist, sich in die anderen Menschen, mit denen man kommuniziert, hineinzuversetzen. Manchmal ist es jedoch so, dass Informationen und auch die Vorstellungskraft fehlen. Wie soll man sich da nur in den anderen hineinversetzen können?

Dafür gibt es eine ganz andere Strategie: Starten Sie doch einmal den Versuch, Argumente für die andere Person zu äußern. Ideen und Handlungen kann man auch einer imaginären dritten Person gegenüber äußern. Auf diese Art und Weise müssen Sie Ihre eigenen Prioritäten ablegen und Ihre Position kritisch hinterfragen.

5) Nutzen Sie ähnliche Erfahrungen.
Es hat sich bewährt, die eigenen Erfahrungen für sich zu nutzen, um die Emotionen eines anderen Menschen besser verstehen zu können. Vielleicht standen Sie auch schon einmal vor ebendieser Herausforderung, die Ihnen Ihr Gesprächspartner gerade geschildert hat. Erinnern Sie sich zurück, wie Sie sich fühlten und was Ihnen geholfen hat.

Damit das Verständnis für andere wachsen kann, müssen wir einen persönlichen Bezug aufbauen. Es mag sein, dass Ihnen nicht immer eine passende Erfahrung einfallen will, doch auch hier gilt: Übung macht den Meister. Je länger Sie sich darin üben, desto besser werden Sie.

6) Kommunizieren Sie selbst empathischer.
Ohne Übung geht es oft nicht. Am besten ist es, wenn Sie noch heute damit anfangen. Trainieren Sie Schritt für Schritt. Finden Sie heraus, wie gut Sie eine andere Person vielleicht bereits verstehen.

8.4 DIESE FÄHIGKEITEN MACHEN EINEN EMPATHISCHEN MENSCHEN AUS

- Volle Konzentration auf den Gesprächspartner
- Alle wichtigen Informationen aufnehmen
- Die Mimik des anderen lesen und verstehen
- Emotionen des anderen erkennen
- In der Lage sein, eine echte Verbindung zu anderen aufzubauen
- Körpersprache anderer lesen können
- Stress durch Gespräche lösen
- Die Augen offenhalten
- Viel über soziale Beziehungen lernen
- Gute Geschichten erzählen – diese bleiben hängen
- Sprachliche Bilder benutzen

- Gut mit eigenen Emotionen umgehen können
- Sich seiner selbst sehr bewusst sein
- Wissen, wann man schwierige Gespräche besser vermeidet
- Wissen, wann Gefühle eingesetzt werden können/sollten
- Positive Einstellung
- Kein Interesse an Klatsch und Tratsch
- Gute Komplimente geben
- Bei Konflikten ganz genau zuhören
- Verständnisfragen stellen
- Wissen, wie und wann der andere Ermutigung benötigt
- Wissen, wie andere am besten erreicht werden können
- Aufbau nachhaltiger Beziehungen
- Investition von Zeit und Interesse in andere Menschen
- Von Beratungen und den Ressourcen anderer profitieren
- Ein gutes Netzwerk haben (Freunde, Kollegen, Kunden)
- Wissen gerne teilen
- Produktiv und glücklich sein
- Gern mit Freunden entspannen
- Eigene Gefühle hinterfragen
- Selbstreflexion

Kapitel 9 Lernen Sie durch Zielsetzung und Selbstdisziplin

Selbstdisziplin gehört zum Leben dazu, doch vielen fällt es schwer, wirklich diszipliniert zu sein. Vielleicht zählen auch Sie zu diesen Menschen und würden gerne wissen, wie Sie zu mehr Selbstdisziplin kommen können. Im folgenden Text werden Sie zehn hilfreiche und effektive Tipps finden, die Sie dabei unterstützen werden.

Wussten Sie eigentlich, dass man sehr viele Menschen für selbstdiszipliniert hält, obwohl sie es gar nicht sind und es auch nie von sich selbst behaupten würden? Für manche ist beispielsweise das morgendliche Joggen genauso selbstverständlich wie das morgendliche Zähneputzen.

1) Handeln, aber aus eigenem Antrieb

Manche Dinge meint man zu wollen, aber warum? Das wissen viele gar nicht, weshalb es auch schwerfällt, diszipliniert an die Sache heranzugehen. Hinterfragen Sie also genau das. Warum wollen Sie gewisse Dinge überhaupt? Ist es tatsächlich Ihr eigener Wunsch oder doch der eines anderen Menschen? Wer dauerhaft bei einer Sache bleiben möchte, muss den Sinn hinter dieser auch verstehen können und es selbst tatsächlich wollen. Auf Dauer kann alles andere gar nicht funktionieren.

2) Prioritäten setzen

Was ist für Sie wirklich wichtig? Was hat vielleicht noch etwas Zeit? Hilfreich ist es hier, eine To-do-Liste zu führen. So behält man den Überblick, was alles zu erledigen ist. Noch besser wirkt diese Liste, wenn man die Punkte darauf mit verschiedenen Farben markiert. Die Farben symbolisieren, wie dringend etwas ist. Notieren Sie sich am besten auch immer das Datum dazu und teilen Sie sich Ihre Aufgaben gewissenhaft auf.

3) Festsetzen von konkreten Zeitpunkten

Nehmen wir doch einmal das Beispiel Fensterputzen. Sie nehmen sich vor, bis zum Ende des Frühlings die Fenster zu putzen. Wenn Sie so herangehen, wird es aber höchstwahrscheinlich so sein, dass Sie die Fenster nicht putzen oder eben erst auf den allerletzten Drücker. Das kleine Wörtchen ‚irgendwann' verleitet uns alle dazu, Pläne immer wieder aufzuschieben. Legen Sie daher einen konkreten Termin fest. So schaffen Sie es, Ihr Vorhaben tatsächlich in die Tat umzusetzen.

4) Große Aufgaben sind zum Teilen da.

Sie müssen nicht alles auf einmal erledigen! Planen Sie daher gut, wie viel Zeit Sie zum Bearbeiten der Aufgaben haben, und teilen Sie sich größere in kleinere Abschnitte ein. „Auch die längste Reise beginnt mit einem einzelnen Schritt", lautet ein chinesisches Sprichwort.

5) Die Ziele müssen realistisch sein.

Natürlich möchte man oftmals hoch hinaus und richtet seine Ziele danach aus, doch was bringt es beispielsweise, zu sagen, man beginnt am nächsten Tag mit dem Joggen, und will gleich am ersten Tag eine ganze Stunde lang sportlich aktiv sein? Ihr Körper ist diese Belastung gar nicht gewöhnt und wird Sie ganz schnell ausbremsen. Beginnen Sie klein und steigern Sie sich langsam.

6) Den eigenen Rhythmus finden

Schauen Sie nicht, wie schnell andere sind. Setzen Sie sich nicht unter Druck, wenn andere Menschen bereits etwas erreicht haben, was Sie auch erreichen wollen. Wenn Sie so herangehen, machen Sie sich nur unnötig Stress und kommen erst recht nicht voran. Hinzu kommt, dass jeder Mensch ganz unterschiedliche Leistungsphasen hat. Manche sind Frühaufsteher, andere wiederum Nachteulen. Probieren Sie aus, was Ihnen am ehesten liegt, und bestimmen Sie dabei Ihr Tempo. Sie müssen niemandem etwas beweisen.

7) Das eigene Ziel visualisieren

Um ein Ziel zu erreichen, ist es nicht nur wichtig, dass man eines hat, sondern auch, dass man es im Auge behält. Motivieren Sie sich immer wieder aufs Neue, um am Ball zu bleiben. Wenn man etwas Positives erwartet, fällt das Motivieren auch gar nicht mehr so schwer. Erinnern Sie sich immer wieder selbst daran, warum Sie diesen Weg gehen. Überlegen Sie sich, was Sie sich gönnen werden, wenn Sie Ihr Ziel erreicht haben. Es gibt Menschen, die brauchen ein ganz konkretes Ziel vor Augen. Andere wiederum kommen ganz gut mit der ungefähren Vorstellung dieses Ziels aus. Finden Sie heraus, welcher Typ Sie sind.

8) Ein Vorbild suchen

Es reicht bereits der Gedanke daran, dass auch andere Menschen sehr selbstdiszipliniert sind. Das wirkt sich fördernd auf Ihre eigene Selbstdisziplin aus.

9) Zweifler werden ignoriert.

Man erzählt dem besten Freund von seinen Plänen und erwartet eigentlich, dass dieser sich ebenfalls dafür begeistert und Mut macht. Leider ist es nicht selten der Fall, dass genau diese Freunde dann ihre Zweifel äußern. Und das kann einen ganz schön runterziehen. Genau aus diesem Grund ist es wichtig, dass Sie Ihre Idee für sich behalten, und sollten Sie sich doch jemandem anvertrauen und dabei auf Zweifel stoßen, bereiten Sie sich gut darauf vor und lassen Sie alle Gegensprüche an sich abprallen.

10) Auch Teilerfolge verdienen eine Belohnung

Wenn keine positiven Rückmeldungen von anderen kommen, ist es wichtig, dass man sich diese selbst gibt, beispielsweise in Form von Belohnungen für Zwischenschritte. Lob verhilft einem dazu, immer wieder aufs Neue an sich zu glauben und sich sogar noch ein paar höhere Ziele zu setzen.

Kapitel 10
Wie Sie durch Motivation und Affirmationen Ihr Selbstbewusstsein auf Erfolgskurs bringen

Auch in diesem Kapitel möchte ich Ihnen zahlreiche Tipps und Tricks mit auf den Weg geben, damit Sie Ihr Selbstbewusstsein stärken können und Ihr Leben erfolgreicher meistern werden. Schauen wir uns aber zunächst das Wort ‚Affirmation' an. Auch wenn es am Anfang wie ‚Affe' klingen mag, so hat es mit dem schönen Tier nichts zu tun.

Definition: Es handelt sich um eine wertende Eigenschaft für kognitive, logische oder auch prozedurale Entitäten (etwas Existierendes). Diese kann mit Zustimmung, positiver Wertung oder Zuordnung erfolgen.

Klingt kompliziert, nicht wahr? Vereinfacht geht es um Versicherungen, die man sich selbst gegenüber macht.

Es folgen ein paar Beispiele, die es noch etwas besser erklären:

- „So, wie ich bin, liebe ich mich."
- „Ich glaube fest an mich und meine Vorhaben."
- „Ich bin überzeugt, dass ich einiges erreichen kann."
- „Ich gebe mein Bestes und das mache ich jeden Tag."
- „Für mein Leben bin ich allein verantwortlich."

- „Ich bin dankbar für alles, was ich habe.“
- „Alles wird gut.“

Nachdem Sie nun einige Beispiele gelesen haben, werden Sie merken, dass man Affirmationen auch als „Glaubenssätze“ betrachten könnte. Zu den negativen Glaubenssätzen haben Sie bereits in Kapitel 5 einiges erfahren. Schauen wir uns nun die positiven Glaubenssätze an. Diese kommen meistens bejahend oder zustimmend zum Einsatz, wie Sie an den Beispielen erkennen können.

Tatsächlich ist es so, dass es in unserer Kultur viel häufiger negative Glaubenssätze gibt als positive. Viele Menschen glauben, dass sich der liebe Gott gegen sie verschworen haben muss und sie deshalb manche Dinge gar nicht schaffen.

Dass das keineswegs hilfreich ist, liegt hier ganz klar auf der Hand. Es ist definitiv nicht wahrheitsgemäß und Probleme löst man so auch nicht. Sagen wir uns die positiven Sätze, die ich Ihnen als Beispiele genannt habe, jedoch immer wieder selbst vor, so kann die Wirkung durchaus positiv sein. Sich selbst Mut zuzusprechen macht etwas mit einem, es setzt Motivation frei und wir fühlen uns manchmal sogar so, als hätten wir Flügel. Auch wenn es für viele nach Esoterik klingen mag, das Ganze ist sogar durch psychologische Studien bewiesen.

Das, was wir fühlen, hängt wechselseitig auch mit unseren Handlungen zusammen. Wenn Sie Ihre Gedankengänge mithilfe positiver Affirmationen dauerhaft verändern, wird sich das auf Dauer auch auf Ihre Emotionen und Verhaltensweisen auswirken.

Bereits im 19. Jahrhundert wusste man, dass sich positives Denken auch auf das menschliche Wohlbefinden auswirken kann. Der amerikanische Heilpraktiker und Schriftsteller Phineas Parkhurst Quimby beschäftigte sich in seinen Studien lange mit den Auswirkungen von negativem Denken.

Damit Sie verstehen, wie wichtig positive Affirmationen sein können, möchte ich an dieser Stelle noch einmal auf die Auswirkungen der negativen Glaubenssätze eingehen. Diese können nämlich viel mehr Schaden anrichten, als wir annehmen.

Wer sich regelmäßig selbst reflektiert, weiß, woher die negativen Denkweisen kommen, die man immer mit sich herumträgt. Sie können beispielsweise aus der Kindheit stammen und sich auch noch viele Jahre später auf den Menschen auswirken.

Schauen Sie sich einmal folgende Beispiele an. Wahrscheinlich werden auch Sie mindestens einen dieser Sätze kennen:

- „So langsam, wie du immer bist, wirst du nie ins Ziel kommen."
- „Logisch denken kannst du aber nicht!"
- „Wenn du weiter so machst, wirst du es nie zu etwas bringen!"
- „Das ist eh nur ein flüchtiges Hobby. Davon wirst du nie leben können."
- „Wie wäre es denn mal, wenn du dir einen Plan für deinen Tag machst? So unstrukturiert wie du bist, ist es klar, dass du irgendwann alles vergessen wirst!"
- „So unsportlich wie du ist niemand!"

Meist handelt es sich um Zuschreibungen, die von anderen Menschen stammen. Nicht selten ist es der Fall, dass es eigene Familienmitglieder sind, die diese Sätze äußern. Wenn man diese Aussagen häufiger hört, beginnt man irgendwann damit, sie tief im Inneren zu speichern und sie zu glauben. Dementsprechend werden wir auch handeln. Welchen Schaden diese Sätze anrichten können, ist den Menschen, die sie äußern, oft nicht einmal bewusst. Die Aussagen können mitunter sehr giftig sein, gerade für Kinder, deren Selbstbewusstsein noch gering ist. Irgendwann sind sie so tief in das Gehirn eingebrannt, dass sie stark am eigenen Selbstwertgefühl nagen.

10.1 EIN TOXISCHER KREISLAUF ENTSTEHT

Menschen, die immer wieder auf die negativen Dinge schauen, die sich in ihrem Leben ereignen, bremsen sich in ihrer persönlichen Entwicklung selbst aus. Die eigenen Potenziale werden erst gar nicht ausgeschöpft. Und glauben Sie mir, jeder Mensch hat Potenziale, man muss sie nur entdecken!

Aus den Fehlern, die man macht, kann man so einiges lernen und man kann ganz neue Ideen daraus entwickeln. Wer aber stets die negativen Aspekte im Auge behält, wird sich dies nicht zunutze machen können. Oftmals ist es dann so, dass man noch viel weiter heruntergezogen wird. Im schlimmsten Fall führt das zu einem Kreislauf, der nur sehr schwer zu durchbrechen ist. Wer sich nichts zutraut, macht weniger oder kann weniger erreichen. Daraus resultiert die Annahme, man könne nichts.

Wenn Sie nicht Gefahr laufen wollen, in einen solch teuflischen Kreislauf hineinzugeraten, sollten Sie lernen, wie Sie positive Glaubenssätze für sich nutzen können.

Hierzu finden Sie in Kapitel 5.6 eine ausführliche Anleitung, mit der Ihnen das gelingen kann. Ich möchte dennoch kurz erwähnen, wie Sie vorgehen können:

- 1) Enttarnen der negativen Glaubenssätze
- 2) Die Vorlese-Methode
- 3) Löchern Sie die negativen Glaubenssätze mit Fragen
- 4) Die Glaubenssatz-Transformator-Technik
- 5) Die positive Wäsche des Gehirns
- 6) Entlarven Sie die Lügen!

Damit es Ihnen tatsächlich gelingen kann, ist es wichtig, dass Sie hartnäckig und ausdauernd bleiben. Sie müssen sich darüber bewusst sein, dass die negativen Glaubenssätze nun immerhin schon viele Jahre in Ihrem Kopf herumschwirren. Und etwas, das schon so lange gleichblieb, kann man nicht von heute auf morgen ändern.

Die positiven Affirmationen lassen sich in allen klassischen Bereichen anwenden: Gesundheit, Geld, Gewicht, Beruf, Beziehung, Freundschaft, Selbstvertrauen.

10.2 WIE FUNKTIONIEREN DIE POSITIVEN GLAUBENSSÄTZE?

Es ist wichtig, dass man selbst dazu bereit ist, mit positivem Denken etwas zu verändern. Sind Sie es, brauchen Sie etwas, worauf Sie Ihren Fokus legen können. Die positiven Affirmationen können zudem nur Wirkung zeigen, wenn sie regelmäßig wiederholt werden. Einmal positiv zu denken, reicht nicht, um dauerhaft etwas zu verändern.

Eine bedeutende Rolle, damit es gelingen kann, spielt auch die eigene Persönlichkeit. Sollen die positiven Affirmationen beispielsweise bei Gewichtsproblemen helfen, werden Sätze wie „Ich bin schlank!" nichts verändern können. Hier würde man sich selbst belügen. Sie müssen eine Formulierung finden, die Ihrem persönlichen Empfinden so nahekommt wie möglich, aber eben positiv! Für das Gewichtsbeispiel könnte demnach folgende Formulierung hilfreich sein:

„Wenn ich jeden Tag etwas mehr Sport mache, werde ich schlanker."

Selbstzweifel werden so erfolgreich eliminiert. Es kann durchaus hilfreich sein, sich die positiven Glaubenssätze in ein Tagebuch zu schreiben und dieses obendrein noch schön zu gestalten. Wichtig ist, und das konnten Sie bereits in Kapitel fünf lesen, dass man die Wörter „kein" und „nicht" in den Sätzen vermeidet. Unser Gehirn ist nicht dazu in der Lage, diese Sätze zu verarbeiten. Wenn Ihnen jemand sagt, dass Sie nicht an die rosafarbene Kuh denken sollen, wird genau das passieren. Stellen Sie sich das vor, woran eigentlich gedacht werden soll: „Ich kann abnehmen!"

Rational denkende Menschen werden es nicht schaffen, auf Anhieb positiv zu denken. Wichtig ist für diese Menschen die Umgebung. Sie sollte ruhig sein, sodass man vollkommen ungestört ist. Unterstützend wirken hier ruhige Musik oder Meditation. Dazu erfahren Sie in Kapitel 13 mehr.

Damit Sie gut vorbereitet sind, möchte ich Ihnen zu den jeweiligen Bereichen, die ich bereits im Text genannt habe, einige Beispiele zur Anregung mit auf den Weg geben. Wenn diese für Sie direkt passen, ist das wunderbar. Sehen Sie sie sonst als Anregung dafür, wie Sie Ihre positiven Glaubenssätze formulieren können.

Beruf

- „Meine Arbeit ist das, was mich voll und ganz erfüllt."
- „Ich werde meinen Traumjob ausüben."
- „Als Projektleiter bin ich sehr gut."
- „Meine gut entwickelten Ideen können uns voranbringen."
- „Mein Umgang mit anderen ist positiv und freundlich!"

Geld

- „Ich kann immer mehr Geld verdienen.“
- „Das Geld liegt auf der Straße. Ich muss nur hinausgehen und es einsammeln.“
- „Ich bin für mein Glück selbst verantwortlich.“
- „Meiner Meinung nach ist Reichtum etwas Positives.“
- „Geld zu verdienen, bereitet mir Freude.“

Gesundheit

- „Mein Leben ist glücklich und gesund.“
- „Ich fühle mich mit meinem Körper sehr wohl.“
- „Für mich ist meine Gesundheit sehr wichtig.“
- „Mein Haar ist richtig toll.“
- „Ich habe sehr starke Knochen.“

Gewicht

- „Ich kann es schaffen, Gewicht zu verlieren.“
- „Ich bin stark und werde schlank.“
- „Ich werde immer auf gute Ernährung und ausreichend Bewegung achten.“
- „Spazieren gehen und Radfahren sind etwas Wunderbares.“
- „Jeden Tag mache ich etwas mehr Sport.“

Partnerschaft

- „Mit meiner Weiblichkeit/Männlichkeit fühle ich mich gut."
- „Für das Gute, was von außen kommt, bin ich immer offen."
- „Mein ganzes Leben lang wird die Liebe mich begleiten."
- „Ich bin attraktiv."
- „Ich bin es wert, geliebt zu werden."

Selbstvertrauen

- „Ich werde in bestimmten Dingen immer sicherer."
- „Ich bin ohne Zweifel
- „Ich bin ohne Angst."
- „Jeden Tag werde ich etwas besser."
- „So wie ich bin, bin ich gut genug."
- „Mit dieser Situation kann ich umgehen."

Kapitel 11 Führen Sie erfülltere und glücklichere Beziehungen

Eine erfüllte und vor allem glückliche Beziehung wünscht sich vermutlich jeder. Es stellt sich nur die Frage, wie man eine solche Beziehung überhaupt führen kann. Eine Beziehung führt man nicht nur mit einer Person, die man liebt. Eine Beziehung hat man auch mit Menschen, die einem auf andere Art und Weise nahestehen, beispielsweise Freunde oder gute Bekannte. Demzufolge ist nicht nur die Liebe für eine glückliche Beziehung wichtig, sondern auch noch andere Faktoren, die ich Ihnen im folgenden Text vorstellen möchte.

1) Eine gute Balance zwischen Nähe und Distanz

Alle Menschen haben unterschiedliche Bedürfnisse. Damit ein gemeinsames Miteinander funktionieren kann, gilt es, zu erkennen, wo die Grenzen des jeweils anderen liegen und diese auch zu respektieren. Vertrauen und Kompromissbereitschaft spielen eine ebenso wichtige Rolle, denn wer dem anderen nicht vertrauen kann, wird sich nicht öffnen. Wenn man nicht bereit ist, auch mal einen Kompromiss einzugehen, wird die Stimmung untereinander schnell unschön. Geben Sie sich und Ihren Mitmenschen die notwendigen Freiräume, stellen Sie nie die eigenen Bedürfnisse über die der anderen. Finden Sie einen Weg, der beiden Seiten gefällt.

2) Akzeptanz und Toleranz

Überlegen Sie doch einmal ganz genau, wie viel Verständnis Sie selbst einfordern. Das Geschirr wird nicht sofort gespült, die Post kommt viel zu spät oder Geburtstage werden vergessen. Jeder Mensch hat seine Eigenheiten. Die haben Ihre Mitmenschen, die haben aber auch Sie. Es ist daher wichtig, dass Sie die Eigenschaften der anderen akzeptieren und auch tolerieren. Vorhaltungen und ewige Kritik bringen rein gar nichts außer Stress und Problemen. Das, was Sie von anderen erwarten, sollte man auch von Ihnen erwarten können.

3) Harmonie und Streit

Manchmal regt einen etwas auf, doch es ist nicht förderlich, direkt loszuschimpfen. Viel besser ist es, wenn man für einen Moment innehält, nachdenkt, sich selbst herunterfährt und sich Argumente überlegt, die weiterhelfen könnten, um das Problem aus der Welt zu schaffen. Halten Sie sich zudem nicht an kleinen Alltagsproblemchen auf. Man kann auch etwas kaputtdiskutieren, das ist dann jedoch nicht das Problem, sondern die Beziehung an sich. Was ist das außerdem für eine Beziehung oder Freundschaft, wenn man sich nur immer wieder selbst von den negativen Ereignissen des eigenen Lebens befreit, aber kein offenes Ohr für den anderen hat? Wie soll eine empathische Kommunikation möglich sein, wenn man sich nur anschreit? Um Harmonie zu spüren, sollten Sie mit Ihren Mitmenschen genauso umgehen, wie Sie wünschen, dass diese auch mit Ihnen umgehen.

4) Liebe und Freundschaft wollen erhalten werden

Der eine oder andere mag jetzt denken, dass es dafür immer ein teures Geschenk sein muss, denn das erwartet der Partner oder der beste Kumpel nun einmal. Ich kann Ihnen sagen, dass dann aber gewaltig etwas schiefläuft. Natürlich kann man sich auch mal gegenseitig etwas schenken, aber wenn man nur mit jemandem zusammen oder befreundet ist, weil man stets schöne und prächtige Geschenke erhält, ist man am Ende gekauft. Wo bleiben da die Vertrautheit und die Kommunikation? So ist es auch mit Komplimenten. Natürlich stärken diese unser Selbstbewusstsein, aber ein Freund, der immer betont, wie toll man ist, auch wenn man noch so viel Mist baut, ist kein wahrer Freund. Wahre Freunde können sich auch mal die Meinung sagen, vor allem dann, wenn man dem anderen helfen will, sich nicht wie der letzte Depp aufzuführen.

5) Kleine Aufmerksamkeiten

Wie bereits erwähnt, ist es richtig, wenn man sich hin und wieder etwas schenkt. Achten Sie darauf, dass die Geschenke nicht ausarten. Schenken Sie Dinge, die sich der andere wirklich wünscht. Das müssen nicht immer materielle Geschenke sein. Man kann auch Zeit schenken, Zeit, die man gemeinsam verbringt. Oder Sie schreiben Ihrem Partner eine kleine Nachricht, die ihm den Tag versüßt. Sie werden sehen, dass das Wunder bewirken kann und am Ende werden auch Sie überrascht, beispielsweise mit einem strahlenden Lächeln.

6) Achtsamkeit

Es ist immer wichtig, auch sich selbst zu beobachten. Dazu zählt, dass man schaut, was einen stört, was einem Freude bereitet oder einen traurig macht, worin die eigenen Stärken und Schwächen liegen, welche Wünsche man hat und noch so vieles mehr. Beobachten Sie auch Ihren Partner, Ihre Freunde und die Familie. Jeder Mensch hat etwas, das ihn nervt, traurig macht oder besonders glücklich werden lässt. Mit dem Wissen über die anderen und sich selbst kann man jedem an der Beziehung Beteiligten etwas Gutes tun, auch sich selbst.

Extra-Tipp:

Gemeinsame Unternehmungen können Wunder bewirken. Damit meine ich nicht nur die gemeinsamen Feste oder geplanten Urlaube und Veranstaltungen. Seien Sie spontan, erkunden Sie gemeinsam Ihren Heimatort oder auch eine fremde Stadt. Vielleicht besuchen Sie auch einen Freizeitpark, denn wie Wissenschaftler bereits herausgefunden haben, bewirken gemeinsam erlebte Glücksmomente so einiges. Sie sind sozusagen wie ein Jungbrunnen für unseren Körper und die Seele, aber eben auch für die Beziehung.

Kapitel 12
Der Glücksschlüssel liegt allein in unserer Hand

Kathy Kelly singt in ihrem Lied „Wer lacht überlebt" folgende Zeile: „Der Schlüssel zum Glück liegt in deiner Hand." Diese Liedzeile begleitet mich immer wieder, denn es steckt mehr Wahrheit dahinter, als man annimmt. Vielleicht kennen Sie auch folgende Aussage: „Jeder ist seines Glückes Schmied." Wie Sie erfolgreich und glücklich werden, möchte ich Ihnen in diesem Kapitel erläutern.

Sind es Glücksformeln, die uns glücklich machen, oder doch eher Glücksschlüssel? Was sind überhaupt Glücksschlüssel? Sie sorgen in individuellen Kombinationen für unsere Zufriedenheit und unser Glück. Zu ihnen zählen beispielsweise verschiedene Verhaltensweisen, Bedürfnisse und Werte.

Aber welche Glücksschlüssel sind für uns besonders wichtig? Und wie kann man das überhaupt herausfinden? Ganz einfach: Erinnern Sie sich an die Momente, in denen Sie besonders glücklich waren. Erinnern Sie sich daran, was es war, das Sie damals so glücklich stimmte. Durch dieses Erinnern stoßen wir auf sehr starke Glücksschlüssel, wie beispielsweise die Freundschaft oder die Liebe. Aber auch Anerkennung, beispielsweise für eine berufliche Leistung, zählt hier dazu.

Eine kleine Übung:
Wählen Sie eine Erfahrung aus, die Ihr Leben lebenswert macht. Beschreiben Sie die ideale Situation, in der Sie genau diese Erfahrung machen.

Schließen Sie nun Ihre Augen und versuchen Sie, sich diese Situation ganz genau vorzustellen. Achten Sie dabei auch auf die Details. Welche Gefühle machen sich in Ihnen bemerkbar?

Konnten Sie spüren, dass Sie dieses Gefühl in dem Moment, als Sie die Übung ausführten, ebenfalls empfanden? Das bedeutet, dass nicht die Lieblingserfahrung die wirklich wichtige ist, sondern eher das Gefühl, das ausgelöst wird. Beispiele: Freiheit, Nähe, Verbundenheit.

Man kann demzufolge sagen, dass das Gefühl eigentlich unsere Lieblingserfahrung ist. Das, was dieses Gefühl in uns auslöst, ist das Wichtigste.

Es ist so, dass die meisten Glücksschlüssel genau das repräsentieren, was der Mensch immer wieder durchleben möchte, um glücklich und zufrieden zu sein. Als zusätzliche Steuerungsschlüssel fungieren beispielsweise Achtsamkeit, Empathie oder Gelassenheit. Diese helfen uns dabei, unseren Bedürfnissen, aber auch unserer Lebensweise viel besser entsprechen zu können. Die Achtsamkeit ist dabei der wichtigste Schlüssel. Mit ihr kann jeder Mensch die wichtigste Beziehung des Lebens führen: die Beziehung zu sich selbst.

Manch einer wird jetzt vielleicht denken, dass es egoistisch ist, die eigenen Bedürfnisse an die erste Stelle zu setzen, aber das ist falsch. Das Gegenteil ist der Fall. Wer die eigenen Bedürfnisse an die erste Stelle stellt, ist sich selbst gegenüber achtsam und das ist gesund. Wenn es uns selbst gut geht, wirkt sich das auch positiv auf unsere Mitmenschen aus, denn gute Laune kann auch ansteckend sein. Der Schlüssel zum Glück trägt also auch den Namen Achtsamkeit. Seine Sie achtsam gegenüber sich selbst und nehmen Sie stets Ihre Bedürfnisse vor denen anderer wahr. Wer das immer wieder schafft, kann seine Mitmenschen wiederum viel eher stark machen und für sie da sein.

All das, was wir denken, fühlen und tatsächlich tun, ist mit unserem Glücksschlüssel verbunden, der individueller nicht sein kann. Damit wir das spüren können, müssen wir an Zeiten denken, in denen wir frustriert oder sogar deprimiert waren. Welche unserer Glücksschlüssel stellten wir in diesen Situationen infrage? Arbeit? Freundschaft? Gesundheit? Sicherheit? Vertrauen?

Wenn wir darüber nachdenken, was wir mit unseren Handlungen und Reden verteidigen oder auch erreichen möchten, offenbaren sich unsere zentralen Glücksschlüssel. Jeder Mensch wird genau das tun, was wichtig ist, damit die Glücksschlüssel zum Zuge kommen.

Bei manchen Personen ist es die Anerkennung oder die Liebe, die in ihrer Kindheit Mangelware war. Das kann wiederum dazu führen, dass man nach immer neuen Höhepunkten der Kreativität strebt. Es kann allerdings auch in einer fatalen Abhängigkeit resultieren, da man immer wieder nach Bestätigung durch andere strebt. Andere Menschen wiederum sehnen sich nach Freiheit und Abenteuer, um die Kindheit permanent zu verlängern.

Jeder Mensch hat bereits sehr viel in die eigenen Glücksschlüssel investiert: Zeit, Geld, Energie – all das braucht es, um die Glücksschlüssel zu verteidigen, denn sie machen uns glücklich.

Kapitel 13 Was ist Meditation und wozu ist sie gut?

Wir alle haben dieses Wort bereits gehört und der eine oder andere hat sicherlich auch eine gewisse Vorstellung, was sich dahinter verbirgt. Meditation steht für eine Gruppe von Geistesübungen, deren Tradition bereits viele tausend Jahre alt ist. Seit dem 20. Jahrhundert wird die Meditation auch in der westlichen Welt praktiziert. Eines der Elemente, die dabei im Vordergrund stehen, ist die Steuerung unserer Aufmerksamkeit. Wer sich darin übt, zu meditieren, der soll schon bald eine positive Veränderung hinsichtlich des eigenen Denkens, Erlebens und Fühlens bemerken. Zudem soll die Meditation auch dazu führen, religiös definierte Einsichten oder Zustände zu erfahren.

Die Effekte der Meditation, die auf den Affekt, die Kognition, das Immunsystem, die psychische Gesundheit oder gar auf unsere Hirnfunktion zielen, sind bereits wissenschaftlich belegt.

Meditation zählt insbesondere im Buddhismus als ein zentrales Element der religiösen Tradition. Man findet sie aber auch im Christentum, im Hinduismus und im Konfuzianismus wieder.

13.1 DAS ZIEL DER MEDITATION

Ganz klar: Wer meditiert, möchte sich entspannen und seine Gedanken zur Ruhe bringen. Hierbei richtet der Meditierende seine ganze Aufmerksamkeit auf einen einzigen Gedanken, eine Bewegung (beispielsweise auf das Ein- und Ausatmen) oder eine Wahrnehmung (Musik, ein imaginäres Bild, ein Duft, ...). So kann es dem Meditierenden gelingen, die alltäglichen Gedanken auszublenden. Er bringt sein Karussell der Gedanken für eine gewisse Zeit zum Stehen. Seinem Geist verschafft er so die notwendige Ruhe.

Es ist besonders wichtig, dass man sich Zeit nimmt, um zu meditieren, und vor allem, um sich auf das Hier und Jetzt zu konzentrieren. Man lernt, seinen Geist zu öffnen und die eigene Achtsamkeit zu trainieren. Wer schon einmal das Meditieren ausprobiert hat, der weiß, dass dies den Stress reduziert und das eigene Bewusstsein erweitert.

Ehe man tatsächlich einen sehr tiefen Zustand erreicht, in dem man entspannt ist, ist ganz viel Übung nötig. Meditationserfahrene haben jedoch berichtet, dass sie bereits bei ihren ersten Versuchen wohltuende Entspannung erlebt haben.

13.2 DIE WIRKUNG VON MEDITATION

Es gibt zahlreiche wissenschaftliche Studien, die sich mit Meditation auseinandergesetzt haben. Dabei war es wichtig, dass die Meditation regelmäßig angewandt wurde. Das Ergebnis dieser Studien belegt, dass die Stresshormone im menschlichen Körper gesenkt werden. Zudem werden die Gehirnwellen verlangsamt und das vegetative Nervensystem wird aktiviert.

Wenn man mitten in der Meditationsübung steckt, wird der eigene Stoffwechsel langsamer. Unser Herz beruhigt sich. Wir atmen tief und regelmäßig. Unser elektrischer Hautwiderstand wird neu angeregt.

Es ist auch bewiesen, dass sich unser Schlaf durch regelmäßiges Meditieren erheblich verbessert und sogar unser Cholesterinspiegel und der Blutdruck Regulation erleben. Forschern gelang zudem der Nachweis, dass sich die Meditation auf Gehirnstrukturen positiv auswirkt, die für das Managen von Konflikten notwendig sind und die bewusste Kontrolle steuern.

Wer viel Stress oder auch Ängste hat, der sollte auf alle Fälle meditieren, denn dies hilft, Stress und Angst zu reduzieren. Außerdem wird unsere Fähigkeit zur Selbstreflexion und zur Achtsamkeit bezüglich unseres Körpers gefördert. Wer regelmäßig übt, kann nach gewisser Zeit sogar einen entspannten Wachzustand erlangen und seinen Alltag besser meistern. Mit Stress kann so viel gelassener umgegangen werden.

Wussten Sie das? Es gibt sehr viele Sportler, die Meditation nutzen, um ihre Leistungen zu verbessern.

13.3 DABEI HILFT MEDITATION

Wie Sie bereits aus dem vorangegangenen Text entnehmen konnten, ist Meditation besonders für das eigene Wohlbefinden wunderbar geeignet. Damit Sie herausfinden können, ob dies tatsächlich etwas für Sie ist, folgt eine kleine Liste, wogegen Meditation wunderbar helfen kann.

- Stärkung des Immunsystems
- Schlafstörungen
- Spannungskopfschmerzen
- Traumata
- Ängste
- Psychischen Probleme
- Konzentrationsstörungen
- Migräne

Im Jahr 2018 nahmen über 200 US-Veteranen, die im Irak und in Afghanistan im Einsatz waren, an einer Studie zur Meditation teil. Diese ergab, dass es den US-Veteranen half, zu meditieren, um ihre Traumata aufzuarbeiten. Aufgrund dieses Ergebnisses kann man sagen, dass Meditieren ebenso effektiv ist wie psychotherapeutische Maßnahmen.

13.4 MEDITATION IST GUT - ABER FÜR WEN IST SIE TATSÄCHLICH GEEIGNET?

Für alle Menschen ist Meditation sehr zu empfehlen. Es gibt nur sehr wenige, denen man davon lieber abrät. Es ist sogar so, dass viele Menschen unbewusst meditieren. Geht nicht? Doch, das geht tatsächlich. Vielleicht ist es auch Ihnen bereits passiert, dass Sie sich auf einen ganz bestimmten Gedanken eingelassen haben und diesen tiefgründig durchdachten.

Die Meditationsübungen eignen sich sogar wunderbar für Kinder. Es ist normalerweise so, dass diese die Fähigkeit in sich tragen, sich fest auf eine Sache oder Tätigkeit zu konzentrieren. Aber wenn wir ehrlich sind, erleben auch wir, dass die heutige Gesellschaft sehr schnelllebig und voller Ablenkungen ist, was häufig zu Überforderung führt.

Hier kann die Meditation den lieben Kleinen helfen, ihre Entspannung zu finden und den Stress, der ständig auf sie einwirkt, besser zu tolerieren und besser damit umzugehen.

Es kommt nicht selten vor, dass Kinder an ADHS oder anderen Störungen leiden. Hier empfiehlt es sich, die Meditation zum therapeutischen Zweck einzusetzen. Durch sie können die betroffenen Kinder lernen, sich wieder zu entspannen und zu konzentrieren. Hierbei spielen vor allem die Vorlieben des Kindes eine Rolle. Diese sind sehr wichtig, um eine geeignete Meditationstechnik zu finden und anwenden zu können. Aber eines ist klar: Sehr viele Kinder lieben vor allem Fantasiereisen oder auch Yoga.

13.5 WEM KANN MAN DAS MEDITIEREN NICHT EMPFEHLEN?

Es gibt Erkrankungen, bei denen man leider von Meditation abraten muss. Damit Sie auch hier den Überblick behalten, habe ich Ihnen diesbezüglich eine kurze Liste zusammengestellt.

- Psychosen
- Schwere Depressionen
- Tendenz zur Hypochondrie
- Bestimmte Arten der Epilepsie

Hinweis: Sollten durch die Meditation belastende Gefühle oder Gedanken auftauchen, die man selbst nicht verarbeiten kann, ist es sehr wichtig, dass man einen Arzt oder einen Psychotherapeuten aufsucht und mit diesem darüber spricht. Denken Sie immer an Ihr eigenes Wohl und scheuen Sie diesen Schritt nicht!

13.6 RISIKEN UND NEBENWIRKUNGEN

Leider ist es so, dass es bei manchen Techniken zu Nebenwirkungen wie etwa auftretende Sorgen und Ängste, verzerrte Emotionen oder gar ein verändertes Selbstgefühl kommen kann. Das betrifft vor allem Techniken, die Sichtweisen auflösen, die sich über viele Jahre hinweg verfestigt haben. Diese Nebenwirkungen können auch eintreten, wenn die Vorstellung eines „unabhängigen Ichs“ aufgelöst werden soll.

Kapitel 14
Der Umgang mit Stress, Schmerz und Krankheit

Kein Mensch ist frei von Ängsten oder Sorgen. Manche Situationen können ganz tief verborgene Instinkte in uns auslösen. Diese nennt man Urinstinkte. Wenn es dann auch noch öffentliche Diskussionen zu bestimmten Themen gibt, die uns eh schon ängstlich stimmen, dann kann es sogar sein, dass diese uns zusätzlich Sorgen bereiten.

Auch Stress wirkt sich oft negativ auf unsere Gesundheit aus. Wir kommen nicht zur Ruhe, uns wird alles zu viel und manchmal kann es auch vorkommen, dass Depression das Ergebnis ist.

Die gute Nachricht ist, dass man etwas dagegen tun kann und das sogar schon im Vorfeld. Das Zauberwort heißt hier Meditation. Diese Übung verhilft uns zu mehr Achtsamkeit. Wir können lernen, unsere Ängste zu differenzieren, sie zu bewerten und auch besser zu bewältigen. Dies verschafft uns wieder mehr Freiheit im Leben. Demnach könnte man auch sagen, dass man sich mithilfe von Meditation von seinen Ängsten, Sorgen und von Stress befreien kann.

Wenn von Angst gesprochen wird, geht der Großteil von uns davon aus, dass hier die Rede von besonders gefährlichen Situationen oder großen Herausforderungen ist. Dabei sind eben nicht die Ängste wie Flugangst, Höhenangst, Prüfungsangst, der dunkle Nachhauseweg oder der cholerische Chef gemeint. Vielmehr ist es so, dass viele Menschen Ängste ganz anders erfahren. Sie tragen permanent Nervosität, Sorgen und Unsicherheit mit sich herum, ohne dass es einen konkreten Auslöser dafür gibt. Das nennt man auch ‚unterschwellige Ängste' und diese können unsere Lebensqualität arg beeinträchtigen.

Das Ergebnis einer Umfrage besagt, dass sich rund 38 % der Menschen täglich Sorgen machen. Diese Sorgen können folgende Bereiche betreffen:

- Job
- Beziehungen
- Gesundheit
- Krankheiten
- Kriminalität
- Terror

Jene Menschen, die all diese Sorgen an sich heranlassen, ohne sie überhaupt zu filtern, laufen Gefahr, dass sich daraus Krankheiten entwickeln, die sowohl Beeinträchtigungen für unseren Alltag darstellen als auch eine große mentale Belastung.

Verschiedene wissenschaftliche Studien zeigen jedoch auf, dass Menschen, die regelmäßig meditieren, ihre Fähigkeit, die Sorgen und Ängste zu kontrollieren, dadurch steigern können. Wer meditiert, befindet sich in einer Entspannungssituation. Diese bildet das Gegengewicht zu Stress. So wird unser Körper aus der permanent vorherrschenden Alarmbereitschaft herausgeholt. Und wer denkt, dass dies nur während der Meditation so ist, der irrt sich. Mit ein bisschen Übung kann man diesen Effekt auch im alltäglichen Leben immer einfacher abrufen. Wer achtsam lebt, kann die schönen Momente wahrnehmen und auch auf sich wirken lassen. Man wird widerstandsfähiger und glücklicher.

Meditation kommt heutzutage immer vielfältiger zum Einsatz. In den letzten zwanzig Jahren wurden viele Therapieformen entwickelt, die auf Achtsamkeit basieren, beispielsweise die achtsamkeitsbasierte Verhaltenstherapie. Betroffene sollen so lernen, besser mit belastenden Emotionen umzugehen.

Achtsamkeit verhilft den Betroffenen beispielsweise dazu, besser auf stressverursachende Situationen zu reagieren, wodurch man psychisch flexibler wird. Anders gesagt verhilft uns die Achtsamkeit dazu, dass wir uns nicht mehr so schnell Sorgen machen oder zu grübeln beginnen. Wer achtsam ist, kann sich die eigenen Emotionen schneller bewusst machen und diese gar nicht erst so nah an sich herankommen lassen. So kann man sie viel besser annehmen und als Teil der natürlichen Emotionspalette betrachten.

14.1 ANWENDUNG UND MEDITATIONSÜBUNGEN ALS HEILUNG FÜR KÖRPER, GEIST UND SEELE

Menschen, die meditieren, sind nachweislich glücklicher, gesünder und leistungsfähiger. Aber wie wirkt die Meditation überhaupt auf unseren Geist und unseren Körper?

Es ist schon seit vielen tausend Jahren bekannt, dass die Meditation heilende Kräfte hat. Dem Menschen gehen rund 60.000 Gedanken pro Tag durch den Kopf, so die National Science Foundation. Eine ganze Menge, nicht wahr? Somit wird unser Nervensystem von vielen Milliarden Informationen geflutet und ein erheblicher Teil davon hat eine negative Schwingung. Die Folgen davon können enorm sein und sich sogar im gesamten Körper bemerkbar machen. Beispiele: Magenkrämpfe, Kopfschmerzen, Müdigkeit, ...

Doch mit Meditation haben Sie die Möglichkeit, diese Flut zu stoppen. Während Sie meditieren, werden Stress, Blockaden und Spannungen, die unser Nervensystem belasten, gelöst. So kann unser Geist an Freiheit und Klarheit gewinnen. Unsere Psyche erfährt Ausgeglichenheit und Harmonie. Der Körper kann entspannen und Ihr Verhalten wird natürlicher.

„Je freier Geist und Herz von Spannung und Stress sind, umso wacher werden wir innerlich: Unsere Intuition wächst,
sodass wir häufiger richtig handeln.“ -
Dr. Jan Sonntag
vom International Institute for Subjective Experience and Research (ISER)

14.2 WAS PASSIERT, WENN SIE MEDITIEREN?

Wer schon einmal einen meditierenden Menschen gesehen hat, der wird angenommen haben, dass dieser nur sitzt und nichts tut. Das ist die äußerliche Wirkung, doch innen passiert dafür umso mehr.

Für die notwendige Ruhe unseres Systems sorgt der sogenannte Nervus Vagus (der zehnte Nerv des Parasympathikus). Daher spielt er bei der Meditation eine sehr zentrale Rolle. Dieser Nerv versorgt uns nicht nur mit Energie, er schenkt uns zudem auch Gelassenheit. Viel wichtiger ist aber, dass er uns dabei hilft, lösungsorientiert zu denken.

Durch Meditation wird die Verarbeitung der Reize in unserem Nervensystem verändert. Sie hilft dabei, Pausen zu schaffen. Wer meditiert, reagiert nicht sofort auf Stresssituationen. Es ist stattdessen so, dass wir unsere Gefühle und Gedanken intensiver wahrnehmen. Durch die Meditation wird der Vagusnerv in Gang gesetzt. Anders gesagt wird er sogar wie ein Muskel trainiert. Das Ergebnis kann sich sehen lassen: Wir haben langfristig gesehen mehr Energie, sind achtsamer, ruhiger und es fällt uns leichter, gelassener zu sein. Unser Körper und unser Geist verändern sich dank der Meditation positiv. Dies wirkt sich wiederum auch positiv auf mögliche Erkrankungen wie Depressionen aus.

Die Forscherin Britta Hölzel vom Ulrich Ott Bender Institute hat obendrein noch nachgewiesen, dass man mithilfe von Meditation auch Schmerzen lindern kann. Übungen zur Körperwahrnehmung lassen bestimmte Gehirnregionen wachsen und sorgen auch dafür, dass sich diese komplexer vernetzen. Natürlich geschieht all das, was ich Ihnen eben beschrieben habe, nicht gleich beim ersten Versuch. Meditation ist eine zu erlernende Technik. Dies braucht Zeit und jede Menge Übung.

14.3 MEDITATIONSPRAKTIKEN AUS DER FERNÖSTLICHEN WELT

Es gibt unglaublich viele Arten, wie man meditieren kann. Schätzungsweise sind es sogar rund sieben Milliarden Varianten. Man unterteilt sie in folgende Kategorien:

- Freie Meditation
- Angeleitete Meditation
- Körperlich passive Meditation (Sitzen)
- Körperlich aktive Meditation (z. B. Gehen)
- Meditation mit Mantren
- Meditation mit Atemtechniken

- Meditation mit Achtsamkeitsübungen
- Meditation ohne alles

Ich möchte Ihnen sechs der bekanntesten Arten kurz vorstellen.

1) Metta – buddhistische Meditation

Meditationen sind im Buddhismus auf einen speziellen Inhalt ausgerichtet. Es gibt verschiedene Techniken, sich zu konzentrieren, damit sich der eigene Geist völlig auf seinen Inhalt ausrichten kann. Vierzig Meditationswege wurden vom historischen Buddha gelehrt. Die wohl bekannteste Meditation ist „Metta", was übersetzt so viel heißt wie „selbstlose Liebe". Wer diese Technik anwendet, der meditiert mit geschlossenen Augen und im Sitzen. Wichtig ist, dass die Meditation regelmäßig stattfindet. Wie lange diese Meditation dauert, kann man gar nicht genau festlegen, denn sie kann nur einige Minuten lang andauern oder auch einige Stunden.

Zunächst sendet der Meditierende liebende Güte an sich selbst. Anschließend wird die Güte an Menschen geschickt, die ihm nahestehen, und letztlich sogar an seine „Feinde". Das Ziel ist hier tatsächlich, dass ein Zustand voller Konzentration erreicht wird und Metta an alle menschlichen Wesen und das sogar auf der ganzen Welt geschickt wird. Der Prozess wird von Sätzen wie „Mögen alle Menschen frei von Feindschaft sein" unterstützt. Verschiedene Studien besagen, dass die Folge dieser Meditationsart ist, dass der Meditierende bessere Beziehungen zu anderen zeigt und sich sein psychisches und körperliches Befinden erheblich verbessern.

2) Die dynamische Meditation (Osho)

Dies ist eine sehr aktive Technik. Man soll sie am besten morgens und vor allem mit nüchternem Magen ausführen. Die Dauer beträgt maximal eine Stunde. Zudem werden verschiedene Phasen durchlaufen.

1) Man atmet ca. zehn Minuten lang tief ein.

2) Aufgestaute Gefühle sollen herausgelassen werden. Dauer: ca. zehn Minuten.

3) Weitere zehn Minuten lang folgt dann das Hochhüpfen, wobei man „Huh!" ruft.

4) Es ertönt das „Stopp"-Signal, man muss still stehen bleiben und für ca. 15 Minuten in dieser Position verharren.

5) Abschließend tanzt man noch einmal völlig frei und gelöst für ca. 15 Minuten.

Diese Technik kann für den Körper, aber auch für den Geist sehr anstrengend sein. Häufig wird sie in Gruppen ausgeführt. Tipp: Georg Deuter hat dafür sogar Musik komponiert, die man unter anderem auf Spotify finden kann. Durch die Aktivität während der Durchführung verbessert sich die Durchblutung des Meditierenden. Zudem sind Effekte wie Wachheit und gesteigerte Energie ebenfalls die Folge. Ja, auch ein gewisser therapeutischer Effekt liegt hier vor. Dieser lässt sich auf die kathartische Phase, bei der man seine Gefühle zum Ausdruck bringen kann, zurückführen.

3) Maharischi Mahesh Yogi – Transzendentale Meditation

Wer die Beatles kennt, kennt auch ihn. Er wurde im Jahr 1967 berühmt. Wie? Nun, er wurde der spirituelle Berater der Musikgruppe. Dabei hat er bereits im Jahr 1955 die Grundregeln für seine Meditationstechnik niedergeschrieben.

Seine Theorie besagt, dass man nicht versuchen soll, den eigenen Geist zu beruhigen, sondern dass man es ihm leicht machen sollte. Dazu bedarf es eines Mantras, das für den Meditierenden passt und das er für sich behalten soll.

Die Maharischi Weltfriedensstiftung meint, dass diese Technik nur von Lehrer zu Schüler weitergegeben werden kann, auch wenn sie leicht erlernbar ist und der Schüler sie schon nach nur ein paar Tagen selbstständig anwenden kann. Leider ist es so, dass man dafür einen Kurs der Vereinigung besuchen muss. Dieser kostet jedoch 1170,00 € und das kann nicht jeder aufbringen. Um dennoch Menschen anzulocken, verspricht die Stiftung, dass der Meditierende sein ganzes Leben lang finanziellen sowie beruflichen Erfolg erzielen wird.

4) Einsicht über Achtsamkeit – Vipassana

Diese Art der Meditation zählt zu den klassischen Techniken. Sie beruft sich auf die Schriften der Theravada-Tradition. Um diese Technik anzuwenden, braucht es keinen „Führer". Der Meditierende ist permanent achtsam und auf seine Wahrnehmung konzentriert. Das Ziel liegt darin, dass man erkennt, welche Wirkung die Dinge um einen herum tatsächlich haben. Dabei ist es nicht notwendig, sie in gut oder schlecht einzuteilen. Wer alles beurteilt, dem bleibt es verwehrt, die Wirklichkeit tatsächlich sehen zu können. Somit findet die eigene Reaktion nur in vorgefertigten Mustern statt.

Durch Achtsamkeit soll man verstehen lernen, wie der eigene Geist tatsächlich arbeitet. Aus dieser Situation heraus soll man in einen Beobachtungszustand gelangen. So soll man wiederum verstehen, dass wir viel mehr als nur unsere Gedanken sind. Zudem sind wir diesen auch nicht ausgeliefert. Wenn dies erreicht ist, kann sich der eigene Geist beruhigen und der Meditierende kann selbstbewusst und auch selbstbestimmt handeln. Er fühlt sich wieder in Verbindung mit der Welt und dem Leben. Kurzum: Man nimmt sich wieder als ein Teil des Ganzen wahr.

Die Wissenschaft sagt, dass ein Mensch, der mit der Vipassana-Technik meditiert, weniger Stress empfindet und zufriedener ist.

5) Meditationen im Kundalini-Yoga

Diese Techniken nehmen eine Sonderrolle ein. Bei jeder Kundalini-Yogastunde ist auch die Meditation ein Teil, jedoch meist erst am Ende. Ganz besonders beim Kundalini-Yoga sind die vielen Meditationsanleitungen, die der Gründer Yogi Bajan hinterlassen hat. Hinter jeder Übung steht ein bestimmtes Ziel: Überwindung von Wut oder auch die Heilung eines gebrochenen Herzens.

Eine weitere Besonderheit ist die klar definierte Dauer. Diese kann ganz unterschiedlich ausfallen: für 3, 22, 11, 31 oder 62 Minuten, manchmal sogar für 2,5 Stunden. Der Gründer meint, dass die Wirkung mit jeder Minute immer mehr zunimmt. Beispiel: Wenn man 62 Minuten lang meditiert, soll die graue Masse des Gehirns bereits verändert werden. Diese Meditationsart kann sehr aktiv sein, beispielsweise durch rhythmische Bewegungen. Sie kann aber auch Atemtechniken beinhalten und klassisch im Sitzen durchgeführt werden. Es wird immer mit den sogenannten Mantren gearbeitet. Yogi Bajan versprach, dass man bereits nach 40 Tagen eine Gewohnheit verändern kann und dass sich nach 90 Tagen die neue Gewohnheit gefestigt hat, wenn man täglich meditiert. Nach 120 Tagen soll man die neue Gewohnheit sein.

6) Zazen-Meditation

Diese buddhistische Strömung ist im Westen sehr populär. Bereits im 12. Jahrhundert formierte sie sich in Japan. Der Zen-Buddhismus setzt auf die aktive Erfahrung. Festen Strukturen sowie intellektuellen Theorien misstraut er jedoch.

Es wird im Sitzen meditiert. Dabei hält man die Augen entweder offen oder halb offen. Es ist dennoch nicht angedacht, dass der Meditierende aktiv sieht. Der

Schüler soll seinen eigenen Körper sowie seinen Geist beobachten und wahrnehmen. Auf seine Gedanken und Gefühle darf er jedoch nicht reagieren. Der Grundsatz der Zen-Meditation ist demnach die Achtsamkeit. Die Dauer dieser Meditationstechnik kann zwanzig Minuten betragen, es sind aber auch mehrere Stunden möglich. In diesem Fall kann sie durch eine Geh-Meditation unterbrochen werden.

Es wurden mehrere Studien hinsichtlich dieser Meditation durchgeführt. Sie alle zeigten, dass die Zen-Meditation den Effekt hat, dass sich die Aufmerksamkeit verbessert und das Empfinden von Stress reduziert wird. Zudem wirkt der Meditierende auch emotional stabiler.

Im vorangegangenen Text konnten Sie bereits lesen, dass es sowohl aktive als auch passive Techniken zum Meditieren gibt. Schauen wir uns doch beide noch einmal genauer an.

1) Die passive Technik

Der Meditierende sitzt im Schneidersitz und hat die Augen geschlossen. Er kann aber auch auf einem Kissen kniend verharren und seine Hände dabei im Schoß verschränkt halten. Es ist üblich, dass man sich nicht bewegt und die Aufmerksamkeit auf den eigenen Atem gerichtet ist.

Dem Meditierenden sollen ganz neue Perspektiven eröffnet werden. Dies geschieht durch die Ankunft im Hier und Jetzt.

Hier ein paar Beispiele:

Bei der **Stillen Meditation** konzentriert man sich völlig auf die Stille, die einen umgibt, sowie auf den Fluss des Atems, der durch den Körper strömt. Auftauchende Gedanken bekommen keine Beachtung. Sie dürfen und sollten einfach weiterziehen. Die Aufmerksamkeit sollte immer wieder zum eigenen Atem zurückkehren.

Bei der **Achtsamkeitsmeditation** werden sowohl der eigene Körper als auch die Umgebung wahrgenommen. Hier darf alles sein: Gefühle, Gedanken und Geräusche. Sie sind dabei der stille Beobachter und vermeiden es, die Eindrücke zu bewerten.

2) Die aktive Technik

Hier geht es schon weitaus dynamischer zu. Der eigene Geist wird geöffnet und der Meditierende lässt seine Gedanken los. Dabei wird die Aufmerksamkeit auf den gegenwärtigen Moment gelenkt. Das geschieht durch Bewegungen oder das Singen von Mantren.

Auch Yoga gehört zu den aktiven Meditationstechniken. Besonders geeignet ist Yoga für Menschen, die nicht lange in einer Ruheposition verharren können.

Hier ein paar Beispiele:

Bei der **Gedankenmeditation** geht der Meditierende ruhig und im gleichbleibenden Rhythmus vorwärts umher. Dabei ist es wichtig, dass er sich auf jeden seiner Schritte konzentriert. Zudem sollte der Atem synchron zu den Bewegungen sein. Auf diese Art und Weise werden körperliche und gedankliche Blockaden wunderbar gelöst.

Beim **Body-Scan** liegt der Meditierende auf einer Matte und spürt dabei seinen Körper ganz aufmerksam. Dabei geht er Stück für Stück vor. Angenehme und unangenehme Empfindungen werden wahrgenommen. Es wird ruhig geatmet und jede einzelne Empfindung wird bewusst gespürt.

Bei der **Mantra-Meditation** kann man sitzen, stehen oder liegen. Dabei sagt oder singt man synchron zur eigenen Atmung ein Mantra. Die Konzentration liegt hierbei auf den Worten. So kann man schwere Gedanken einfacher loslassen. „OM“ ist im Übrigen das bekannteste Mantra.

Kapitel 15 Buddhistische Lehren und Weisheiten - Achtsamkeitsübungen

Er zählt zu den großen Weltreligionen – der Buddhismus. Allerdings gibt es hier keinen allmächtigen Gott. Die Glaubenssätze beziehen sich auf sehr umfangreiche philosophisch-logische Überlegungen. So ist es auch im Konfuzianismus und im chinesischen Daoismus. Im Buddhismus gilt, dass sich jeder selbst erlösen kann, wenn er der Weisheit von Buddha folgt. Zudem gibt es auch keine göttlich inspirierte Schrift, aber es gibt viele zentrale Lehrtexte, die den Buddhismus prägen.

Gegründet wurde diese Religion von Buddha Siddhartha Gautama. Er lebte im 5. Jahrhundert vor Christus in Nordindien. Der Gründer sah sich selbst nicht als Gott oder gar als Überbringer einer göttlichen Lehre. Er selbst habe durch die Meditation ein besseres Verständnis für seinen eigenen Geist und seine Umwelt erkannt. Der Kern der buddhistischen Lehre besteht aus den vier edlen Wahrheiten. Er nannte sie „Sacca". Später folgt eine genaue Beschreibung der vier edlen Wahrheiten.

Auf der ganzen Welt existieren zahlreiche Anhänger des Buddhismus. Eine genaue Zahl gibt es nicht; sie liegt zwischen 230 und 500 Millionen. Vor allem in China, Bhutan, Japan, Laos, Südkorea, Vietnam und Thailand sowie in zahlreichen anderen Ländern glauben die Menschen an den Buddhismus. Heute lassen sich auch in Europa und Nordamerika immer mehr Buddhismus-Anhänger finden.

Es gibt zwar keine religiösen Schriften, jedoch findet man viele heilige Bücher im Buddhismus. Das bekannteste und älteste Buch ist das „Tripitaka", der „Dreikorb". Darin werden das Leben des Buddha, seine überlieferte Lehre und die Regeln für ein Leben im Kloster beschrieben. Das Karma und der Glaube an die Wiedergeburt spielen für buddhistische Gläubige eine wichtige Rolle. Für sie ist es im Leben wichtig, dem achtgliedrigen Pfad zu folgen sowie die fünf Grundregeln des Buddhismus einzuhalten. Für die Lehre von Buddha gibt es ein bestimmtes Symbol, das Dharmachakra, dessen Name übersetzt „Rad der Lehre" heißt. Dieses Rad hat insgesamt acht Speichen, die den edlen achtfachen Pfad versinnbildlichen.

In der buddhistischen Theorie wie auch in der Praxis bilden die vier edlen Wahrheiten die Grundlage. Diese schauen wir uns nun gemeinsam etwas genauer an.

Die erste edle Wahrheit, auch **„Dukkha"** genannt: „Das Leben im Daseinskreislauf ist leidvoll. Geburt ist Leiden, Altern ist Leiden, Krankheit ist Leiden, Tod ist Leiden; Kummer, Lamentieren, Schmerz und Verzweiflung sind Leiden. Gesellschaft mit dem Ungeliebten ist Leiden, das Gewünschte nicht zu bekommen, ist Leiden. Kurz, die fünf Anhaftungen sind Leiden."

Das Wort „Dukkha" übersetzt man häufig mit dem deutschen Wort „Leiden". Es ist jedoch so, dass man den Begriff nicht vollkommen und vor allem auch nicht eindeutig mit diesem Wort gleichsetzen kann. Schaut man in der deutschsprachigen Literatur nach, so findet man häufig auch weitere Begriffe vor, etwa „unbefriedigend", „unvollkommen" und „ungenügend".

Zweite edle Wahrheit, auch **„Samudaya"** genannt: „Und dieses ist die edle Wahrheit vom Ursprung von Leiden: Das Verlangen, welches zu weiterem Werden treibt, begleitet von Begierde und Erfreuen, genösse nun hier und nun dort, d. h. Verlangen nach Sinnesvergnügen, Verlangen nach Werden, Verlangen nach Nicht-Werden."

Die Definitionen zu dieser edlen Wahrheit sind sehr vielfältig. Eine der bekanntesten und wohl auch verständlichsten ist diese:

„Es ist dieser ‚Durst' (tanha), der neues Dasein und Wiedergeburt erzeugt und mit leidenschaftlicher Gier verbunden ist, der hier und da sich ergötzt in Form von:

Durst nach den Lüsten der sechs Sinne (kāma-tanhā)

Durst nach Dasein und Werden (bhava-tanhā)

Durst nach Nicht-Dasein, Selbstvernichtung (vibhava-tanhā)

Der ‚Durst', das Verlangen, Sucht und Gier offenbaren sich in verschiedener Weise und sind der vordergründige Anlass für die Entstehung von dukkha und die Fortdauer der Wesen. Tanhā ist nicht die erste oder einzige Ursache der Entstehung von dukkha. Es ist aber die unmittelbarste. Der ‚Durst' entsteht durch die verschiedenen Vorstellungen eines Selbst.".

Dritte edle Wahrheit, auch **„Nirodha"** genannt: „Durch das Erlöschen (nirodha) der Ursachen erlischt das Leiden: Das restlose Vergehen bzw. Enden, Abkehren, Abtreten, Aufgeben und Loslassen genau dieses Verlangens (tanha)." – SN 56.11

Diese Wahrheit beschreibt das Aufheben von Leid. Sie stellt die Bedingungskette in umgekehrter Richtung dar. Außerdem beinhaltet sie auch die Ausrichtung zur Befreiung, also zum Nirvana.

Vierte edle Wahrheit, auch **„Magga"** genannt: „Und dieses ist die edle Wahrheit über den Pfad der Ausübung, der zur Beendigung von Leiden führt: Genau dieser edle achtfache Pfad, rechte Ansicht, rechte Entschlossenheit, rechte Sprache, rechte Handlung, rechter Lebensunterhalt, rechte Anstrengung, rechte Achtsamkeit, rechte Konzentration."

Hier wird der Weg der Ausübung beschrieben, also wie die Befreiung von Leid durchgeführt wird. In der Praxis werden die Glieder meist mit den folgenden Begriffen bezeichnet: Tugend (Sīla), Konzentration (Samādhi) und Weisheit (Paññā).

Die ersten drei Wahrheiten sind in dieser Welt tatsächlich vorhanden, die vierte jedoch ist von einem Buddha abhängig. Es braucht also einen Menschen, der auch für andere die Befreiung realisiert und nicht nur für sich selbst.

15.1 GRUNDLAGEN DER ACHTSAMKEITSÜBUNGEN – INNERE EINSTELLUNG

Wenn man sich mit den Grundsätzen der Achtsamkeit befasst, wird man schnell feststellen, dass sie von der inneren Einstellung ausgehen. Diese besteht darin, die

Dinge so zu sehen, wie sie sind: „present moment, on purpose and non-judgemental“.

„Present Moment“-Achtsamkeit

Dies bedeutet, dass man nicht seinen Gedanken oder Erinnerungen nachhängen sollte. Seien Sie also in Kontakt mit der Gegenwart. Unser Bewusstsein ist während bestimmter Unternehmungen immer mit völlig anderen Tätigkeiten beschäftigt. Auch Sie werden das sicherlich kennen, denn es geschieht jeden Tag. Ein Beispiel: Sie sitzen im Auto und gehen mental Ihre To-do-Liste durch. Diesen Zustand bezeichnet Kabat-Zinn als den sogenannten „Autopilotmodus“.

Wer achtsam ist, holt seine volle Aufmerksamkeit zurück in das Hier und Jetzt. Somit kann man sich wieder auf die aktuelle Tätigkeit (im Beispiel auf das Autofahren) konzentrieren. Wir befinden uns in einem Zeitalter, in dem die Reizflutung täglich äußerst hoch ist, womit es schwieriger wird, sich auf den gegenwärtigen Augenblick zu konzentrieren.

„On Purpose“-Achtsamkeit

Hier ist die Haltung des Übenden eine sehr bewusste, da er seine Aufmerksamkeit möglichst in jeder Lebenssituation auf das Geschehen des aktuellen Augenblicks lenkt. Dabei sind Geduld und das Auf-sich-Besinnen sehr wichtig.

„Non-judgemental“-Achtsamkeit

Diese Haltung ist nicht wertend. Der Grund dafür ist, dass die Bewusstseinsinhalte weder als angenehm noch als unangenehm empfunden werden. Sie sollen nur bewusst wahrgenommen, jedoch nicht beurteilt werden. Das bezieht sich im Übrigen auch auf den Vorgang der Bewertung an sich. Demnach gilt: Das Urteilen ist nicht vermeidbar, daher soll es ebenfalls nicht beurteilt werden.

Betrachtet man die Geschichte der Achtsamkeitsübungen, so wird schnell deutlich, dass deren Ursprung ganz klar in der buddhistischen Meditationspraxis liegt. Später fanden einige Elemente der Achtsamkeit Anklang in der kognitiven Verhaltenstherapie.

Laut Jon Kabat-Zinn beruht die Achtsamkeit auf sieben Grundsätzen der inneren Haltung. Entwickelt werden diese während der Meditation.

Die 7 Grundsätze:
• Nicht urteilen • Geduld haben • Anfängergeist bewahren • Vertrauen • Nicht erzwingen • Akzeptanz • Loslassen

Diese möchte ich Ihnen selbstverständlich noch etwas genauer erläutern.

1) Nicht urteilen

Dies bedeutet nicht, dass man absolut gar nichts beurteilen sollte, sondern eher, dass dem ersten Urteil, das man sich bildet, nicht zu viel Gewicht auferlegt wird. Jeder Moment soll eine Chance bekommen, ohne ein Urteil so zu sein, wie er tatsächlich ist.

Wer einmal den Versuch gestartet hat, seine Gedanken unter Beobachtung zu stellen, der wird bereits bemerkt haben, dass man immer Gedanken hat. Im Grunde genommen beurteilen wir demnach auch alles Mögliche. Wir stellen uns immer wieder Fragen wie „Was bringt mir das?“, „Könnte das gut oder schlecht sein?“ und noch so viele mehr.

Wer also bewusst auf seine Gedanken achtet, kann sich manchmal tatsächlich davor erschrecken, dass dieser Gedankenstrom eigentlich nie unterbrochen wird. Vielleicht können Sie einmal Folgendes ausprobieren: Wenn Sie in einen Raum kommen, in dem sich bereits andere Menschen befinden, sollten Sie einmal darauf achten, was in Ihrem Kopf passiert. Sicher werden Sie sich Fragen stellen wie „Wo kann ich mich am besten hinsetzen?“ oder „Wer von all den Menschen erscheint mir sympathisch?“.

2) Geduld haben

Was Geduld ist, wissen wir alle, und ich bin mir ziemlich sicher, dass auch Ihnen manchmal der Geduldsfaden reißt, wenn Sie beispielsweise an Ihre Kollegen denken. Aber es geht hier nicht nur um die Geduld mit anderen Menschen. Bei der Achtsamkeit geht es vielmehr darum, Geduld mit sich selbst zu haben. Jeder Mensch geht seinen eigenen Weg. Jeder Mensch bewältigt Hindernisse oder Gefühle anders. Messen Sie sich daher nicht daran, wie schnell andere Menschen ihre Gefühle unter Kontrolle bringen. Auch wenn diese vor der gleichen Herausforderung wie Sie stehen, es passiert nicht das Gleiche in ihrem Inneren. Akzeptieren Sie vor allem auch, dass die Prozesse, die in uns vorgehen, eben nicht beschleunigt werden können. Als Kind habe ich beispielsweise gedacht, dass ich die Knospen eines Baumes nur aufbrechen muss, damit die Blätter schneller wachsen können. Heute bin ich erwachsen und weiß, dass das so nicht funktionieren kann. Lernen Sie, Ihre Ungeduld in den Griff zu bekommen, werden Sie geduldig.

3) Anfängergeist bewahren

Als Kind ist es das, was uns ausmacht. Wird man erwachsen, scheint man diesen leider viel zu oft zu verlieren. Das liegt daran, dass wir manche Situationen eben schon einmal erlebt haben und genau wissen, was als Nächstes geschehen wird oder wie das Gegenüber reagiert. Ein Beispiel: „Wenn der Chef so schaut, hat er schlechte Laune und wird uns sicher gleich anmeckern!" Situationen wie diese gibt es täglich viele. Oftmals glauben wir, schon im Vorfeld zu wissen, was geschehen wird. Wir sind dann manchmal kleine Hellseher. Es ist jedoch so, dass wir es selbst meist gar nicht bemerken.

Wer die verschiedenen Achtsamkeitsübungen anwenden oder eben achtsam leben möchte, der muss lernen, dass es darum geht, den Anfängergeist in jedem Augenblick beizubehalten. Oder aber man entwickelt ihn immer wieder neu. Haben Sie sich schon einmal gewünscht, die Welt oder manche Dinge mit Kinderaugen zu sehen? Dann machen Sie das doch einfach! Lassen Sie jeder Situation die Chance, so zu sein, wie sie ist. Versuchen Sie, den Glauben, etwas voraussehen zu können, zu vergessen. Der allzeit beliebte Spruch „Das ist doch immer so" darf und sollte hier auf alle Fälle ausgedient haben.

4) Vertrauen

Was Vertrauen bedeutet, wissen Sie sicher. Aber es geht nicht nur darum, anderen zu vertrauen, sondern auch sich selbst und der eigenen Weisheit.

Es ist so, dass jeder Mensch sich daran gewöhnt hat, dass ihm andere sagen, was richtig oder was falsch ist. Und dabei geht eines sehr schnell verloren: das Vertrauen in unser Wissen und in unsere vorhandene Weisheit. Sicher haben auch Sie gelernt, andere zu fragen, ob Ihre Handlungsweisen so in Ordnung sind. Kurzum: Wir haben gelernt, uns an unseren Mitmenschen zu orientieren. Es geht jedoch vielmehr darum, dass wir uns selbst die Antwort geben! Verlassen Sie sich auf Ihre innere Stimme, denn Sie wissen selbst genau, was Sie tatsächlich brauchen!

Um genau das wieder erlernen zu können, eignen sich vor allem Yoga-Übungen, bei denen es nämlich ganz besonders um Körperarbeit und Achtsamkeit geht. Mit diesen Übungen lernen wir, unserem Körper zu vertrauen, denn er wird uns schon früh genug ein Warnsignal senden, wenn es genug ist. Natürlich wird es einige Zeit dauern, ehe man das Gefühl der inneren Weisheit wieder spürt, doch haben Sie Vertrauen und üben Sie! Auch wenn es hin und wieder unangenehm sein könnte: Übung ist hier besonders erforderlich.

5) Nicht erzwingen

Jeder Mensch ist es gewohnt, dass alle seine Handlungen auch einen Zweck haben müssen. Bei der Achtsamkeit ist es jedoch ganz anders. Hier geht es darum, dass man eine Haltung einnimmt, die ohne jegliche Absichten ist. Anders gesagt geht es darum, aktiv nichts zu tun, wie auch bei der Meditation. Stellen Sie einfach einmal das Ziel an die letzte Stelle. Achten Sie den Moment, in dem Sie sich befinden. Seien Sie einfach einmal „da", im gegenwärtigen Moment! Es spielt dabei keine Rolle, ob man vielleicht nervös ist oder ob es gerade langweilig ist. Lassen Sie den Moment so sein, wie er eben ist.

6) Akzeptanz

Akzeptanz fällt uns wahrscheinlich am schwersten. Es fällt uns schwer, egal, ob es etwas Positives wie Freude ist oder etwas Negatives wie Unwohlsein oder Kummer, dies zu akzeptieren. Das heißt nicht, dass wir diese Gefühle oder Zustände verdrängen oder sie uns schönreden sollten. Wir dürfen sie so annehmen, wie sie tatsächlich sind. Es ist nicht nötig, sie zu verändern. Bei positiven Angelegenheiten fällt es uns natürlich leichter, doch wenn wir ehrlich mit uns selbst sind, neigen wir auch hier dazu, es anders haben zu wollen – anders im Sinne von noch etwas schöner oder vielleicht doch etwas weniger, weil es schon wieder unangenehm sein könnte, mit seiner Leistung im Mittelpunkt stehen zu wollen.

Ich möchte Ihnen ein Beispiel mit auf den Weg geben, wie auch Sie Akzeptanz wunderbar üben können.

Stellen Sie sich vor, Sie kommen gerade am Zug an und dieser schließt die Türen, obwohl Sie eigentlich mitfahren wollten. Verfallen Sie jetzt nicht gleich in Ärger, denn Sie können es ja sowieso nicht mehr ändern. Sie kennen sicher auch Sätze wie „Wäre der andere Zug pünktlich gewesen, hätte ich meinen Anschlusszug noch erreicht!“. Aber hat es tatsächlich Sinn gemacht, sich darüber aufzuregen? Es geht natürlich nicht nur Ihnen so; wer sich in solch einer Situation einmal am Bahnsteig umgesehen hat, der wird wissen, dass es vielen anderen ebenso erging. Der Zug ist weg. Egal, ob sich jetzt viele Menschen aufregen und wild herumfluchen, mit anderen telefonieren und sich aufregen – ändern kann diese Situation niemand. Es ist so viel Energie, die aufgebracht und im Endeffekt nur verschwendet wird.

Versuchen Sie doch das nächste Mal, wenn Sie sich in solch einer Situation oder in einer ähnlichen befinden, den Augenblick so anzunehmen, wie er ist. Betrachten Sie diesen ruhig. So können Sie ganz andere Erfahrungen sammeln. Sie müssen sich nicht herumärgern.

7) Loslassen

Es ist natürlich so, dass jeder Mensch etwas haben möchte, und wenn er es hat, möchte er es nicht mehr loslassen. Er hält es fest, so fest er nur kann. Hinzu kommt, dass die Gegenstände sich auch nach Möglichkeit nicht verändern, sondern immer wie neu aussehen sollen. Eine neue Liebe soll immer prickelnd und frisch sein. Wie soll man denn da überhaupt loslassen können? An dieser Stelle möchte ich Ihnen sagen, dass dieses Gefühl auch während der Achtsamkeit auftritt. Es kommt uns ein Gedanke, der so interessant ist, dass wir ihn gerne ausdenken möchten, wir können demzufolge nicht loslassen.

Es ist eine tolle Sache, sich diesen Gedanken zum Objekt der Beobachtung zu machen. Schauen Sie also genauer hin, betrachten Sie das Festhalten des Gedankens. Wo spüren Sie beispielsweise, dass Sie diesen Gedanken festhalten möchten?

Genauso sollte eine bewusste Entscheidung ablaufen. Lassen Sie nicht zu, dass Ihr Geist Sie mit den Gedanken in die Zukunft oder gar in die Vergangenheit trägt. Wer länger übt, wird bemerken, wenn der Geist einen wegtragen möchte.

15.2 MIT ACHTSAMKEIT ZUR INNEREN RUHE UND GELASSENHEIT

Der Alltag bringt nicht nur Sonnenseiten mit sich, sondern gerade in der heutigen Zeit auch jede Menge Stress, was dazu führen kann, dass unser inneres Gleichgewicht gestört ist. Man wünscht sich, die innere Ruhe wiederzufinden, um all diesen Stress bewältigen zu können oder einfach, um davon abzuschalten. Doch das ist gar nicht so leicht, oder doch?

Wie also kann man seine innere Ruhe wiederfinden?

Wenn man unausgeglichen, überlastet oder gestresst ist, merkt man das vor allem dann, wenn Symptome wie Reizbarkeit, innere Unruhe oder gar Schlafstörungen auftreten. Die einen sagen, dass es schwer ist, die innere Ruhe wiederzuerlangen. Andere wiederum meinen, dass es doch ganz einfach ist. Ich sage Ihnen: Wenn Sie ein paar wichtige Dinge beachten, wissen, wie Sie entspannen können und das sogar ganz erfolgreich, dann sind Sie bereits auf einem sehr guten Weg. Ich möchte Ihnen zudem einige Tipps mit auf den Weg geben, wie Sie sich trotz Stress im Beruf oder Spannungen innerhalb der Familie oder im Freundeskreis entspannen und innerlich ruhig werden können.

1) Auszeiten gönnen

Nehmen Sie sich ganz bewusst einen Tag in der Woche Zeit, um das zu tun, was Ihnen Spaß macht. Das können verschiedene Aktivitäten sein. Hier ein paar Beispiele: Kochen, Lesen, Schwimmen, Radfahren, Schreiben, Basteln, Malen. Gönnen Sie sich etwas Schönes, einen warmen Tee, ein Stück Lieblingskuchen, ein Schaumbad. Die Hauptsache ist, es tut Ihnen gut.

2) Entspannen lernen

Wenden Sie hierfür spezielle Techniken an. Auch hier habe ich einige Beispiele für Sie parat:

- Autogenes Training
- Tai-Chi
- Yoga

- Progressive Muskelentspannung
- Meditation

Meist bieten die örtlichen Volkshochschulen Kurse diesbezüglich an. Sollten Sie dort jedoch nicht fündig werden, verrät Ihnen das Internet sicher einige Anlaufstellen.

3) Abendliche Rituale schaffen

Auch Rituale können helfen, sich innerlich ruhiger und wohler zu fühlen. Sie geben Sicherheit und schaffen Vertrauen. Führen Sie diese beispielsweise abends ein, bevor Sie schlafen gehen.

Das kann zum Beispiel ein schönes Schaumbad oder eine warme Dusche sein. Gestalten Sie Ihr Bad mit Kerzen und vielleicht auch mit ruhiger Musik. Wichtig dabei ist, dass Sie alles vermeiden, was Ihnen Stress bereitet. Das Smartphone sollte demnach nicht in Reichweite liegen, auch wenn es verlockend sein kann, mal eben auf Social Media vorbeizuschauen, da man ja nun Zeit hätte.

Setzen Sie sich zudem nicht unmittelbar vor dem Schlafengehen noch ewig an den Computer oder ans Smartphone. Deren Licht kann unseren Hormonhaushalt so stark beeinflussen, dass es uns sogar daran hindert, einschlafen zu können. Gönnen Sie sich lieber ein Buch.

4) Spezielle Atemtechniken und Atemübungen

Diese können Ihnen helfen, bewusster zu atmen und sich dabei vollkommen auf sich selbst zu konzentrieren. Musik ist ebenfalls ein Mittel, das zur Beruhigung beiträgt. Welche Art von Musik das ist, hängt von jedem selbst ab. Finden Sie es also heraus, wenn Sie es noch nicht wissen sollten.

5) Aromatherapie

Die Aromatherapie ist eine wundervolle und wirksame Methode, die man bereits bei Kindern anwenden kann. Die richtigen Düfte im Raum sorgen dafür, dass man herunterfahren und entspannen kann.

Sie können beispielsweise wenige Tropfen Lavendelöl auf Ihr Kopfkissen träufeln. Der Geruch ist wohltuend und hilft Ihnen, besser in den Schlaf zu finden. Stellen Sie eine Duftlampe auf, die Sie mit ätherischen Ölen befüllen können. Auch hier ist das Entspannungsbad wieder eine hilfreiche Variante, denn man kann die ätherischen Duftöle auch ins Wasser geben.

6) Die richtige Strategie

Neben den bisher genannten Tipps gibt es noch zahlreiche andere Methoden. Bei Reizüberflutung sowie hoher innerer Anspannung können beispielsweise homöopathische Mittel helfen. Ein paar Beispiele hierfür sind:

- Johanniskraut
- Baldriankapseln
- Melissentee

Ebenso können Nahrungsergänzungsmittel behilflich sein. Kalzium, Vitamin B und Magnesium helfen Ihnen, Ihr Wohlbefinden zu fördern. Der Bedarf an Vitaminen steigt vor allem dann, wenn uns der Stress vollkommen auslaugt. Ein Mangel an Vitaminen kann zudem auch dafür sorgen, dass Sie sich unwohl, müde oder angespannt fühlen. Menschen, die ausgeglichener sind, haben mehr Lebensfreude und vor allem auch mehr Lebensqualität. Aber hier gilt: Übertreiben Sie es nicht. Auf den Verpackungen stehen nicht umsonst Dosierungsangaben. Es ist empfehlenswert, sich mit dem Hausarzt über den tatsächlichen Bedarf an Vitaminen zu verständigen.

Fazit: All die Tipps können durchaus eine Verbesserung herbeiführen. Das Wichtigste aber ist, Stress zu vermeiden. Das gelingt Ihnen am besten, wenn Sie Ihren Tag besser strukturieren, sich nicht zu viel auf einmal vornehmen und Prioritäten setzen. Stellen Sie sich die Frage, ob dieses oder jenes wirklich wichtig ist und umgehend erledigt werden muss oder ob andere Dinge vorgehen. Lernen Sie zudem, dass Sie auch mal Nein sagen können und sollten, vor allem dann, wenn andere Menschen Sie zu stark vereinnahmen.

15.3 IM HIER UND JETZT

Im Hier und Jetzt zu leben, das wollen alle Menschen, doch ehrlich gesagt ist dies nicht so einfach, wie man es immer gesagt bekommt. Der Grund dafür ist, dass wir selbst nicht einmal bemerken, welche Gedanken, ja, sogar ganze Gedankenketten in uns ablaufen. Aus diesem Grund bekommen wir auch eher wenig von der

Gegenwart mit. Sicher kennen auch Sie das: Wir denken darüber nach, dass wir heute noch Milch und Kartoffeln kaufen müssen, morgen ein wichtiges Meeting ansteht oder übermorgen der Handwerker kommt. Wir denken sogar darüber nach, was die Nachbarn wohl von unserer Neuanschaffung im Garten halten. Zudem befassen wir uns in Gedanken mit Dingen oder Ereignissen, die längst vergangen sind.

Und dann passiert plötzlich etwas, das uns aus dem gewohnten Trott reißt. Ein Verwandter stirbt oder ein guter Freund/eine gute Freundin erkrankt plötzlich schwer. In solchen Momenten bemerken wir, dass wir gar nicht im Hier und Jetzt waren, sondern auf Zeitreisen in unseren Gedanken. Dann kommt der Moment, in dem wir bedauern, dass wir nicht im Hier und Jetzt waren, sondern weit weg davon.

Meine Großmutter hat mir einmal eine kleine Schachtel gezeigt, die mein Großvater seit vielen Jahren gut behütet in seinem Nachtschrank aufbewahrte. Sie erzählte mir, dass er immer sagte: „Das, was darin ist, werde ich zu einem ganz besonderen Anlass tragen." Meine Großmutter fragte sich immer, auf welchen besonderen Anlass er nur wartete, denn nie hatte er die goldenen Manschettenknöpfe getragen. Sie hatte ihm diese einst zu ihrem Jahrestag geschenkt.

Mir kamen die Tränen, denn in diesem Moment begriff ich, dass der einzige besondere Anlass, an dem er die Knöpfe tragen würde, seine Beerdigung sein würde. Meine Großmutter öffnete die Schachtel und zeigte sie mir, ehe sie sie zu dem schönen Anzug legte, den wir zum Bestattungsinstitut bringen würden.

Diese Geschichte lehrte mich, dass man nichts für einen vermeintlich besonderen Anlass aufbewahren sollte. Ich strich die Worte „irgendwann" und „eines Tages" aus meinem Wortschatz. Auch Sie sollten das tun und besondere Geschenke auch tragen oder benutzen. Zeigen Sie Ihren Liebsten, wie viel Ihnen diese Geschenke bedeuten, und sagen Sie ihnen, dass Sie sie lieben.

Was bedeutet es eigentlich, im Hier und Jetzt zu leben?

- Quälen Sie sich nicht mit schmerzlichen Erinnerungen, sondern genießen Sie den Augenblick.
- Sorgen Sie sich nicht, was wohl morgen sein wird, schätzen Sie den gegenwärtigen Moment.

- Lassen Sie Ihre Gedanken bei der gerade zu erfüllenden Aufgabe verweilen.
- Bewerten Sie nicht die Erfahrungen, die Sie im jetzigen Augenblick machen.
- Vergleichen Sie Ihre jetzigen Erfahrungen nicht mit denen der Vergangenheit.
- Fühlen Sie, was im gegenwärtigen Moment in Ihrem Körper vorgeht.
- Sorgen Sie sich im jetzigen Augenblick nicht um andere, bleiben Sie bei sich.
- Verschieben Sie Ihre Träume nicht auf später, Sie haben jetzt die Chance, diese zu verwirklichen.

Wir möchten im Hier und Jetzt leben, doch wir werden daran gehindert. Welche Hindernisse können das sein?

Es ist tatsächlich so, dass es auf diese Frage nicht nur eine, sondern viele Antworten gibt. Im folgenden Abschnitt finden Sie einige mögliche Antworten darauf.

- Hohe Ansprüche an uns selbst
- Man sollte sich erst etwas gönnen, wenn tatsächlich alles erledigt ist, und das auch noch perfekt
- Dass es einem gut geht, hat man nicht verdient – zumindest glaubt man das oftmals und treibt sich stets weiter an
- Loslassen und Verzeihen haben wir nicht gelernt, das ist der Grund, weshalb wir immer wieder über Vergangenes nachdenken
- Angst vor falschen Entscheidungen, Alternativen werden immer wieder durchgedacht
- Fehlendes Vertrauen in die eigenen Fähigkeiten
- Grübeln über die Zukunft, da wir Angst vor Ungewissheit haben
- Eigene Bedürfnisse werden nicht gespürt, weil wir das in uns Hineinhorchen nicht lernten
- Wir verlieren den Kontakt zu uns selbst, da die Bemühungen um andere stets im Mittelpunkt stehen
- Der Alltag besteht aus Plänen und Pflichten. Sind einige abgehakt, geht es mit den nächsten weiter

- Ständiger Vergleich mit anderen
- Zweifel am eigenen Wert

Sind Sie glücklich?

Wer im Hier und Jetzt lebt, kann Gelassenheit, Harmonie, Glück und noch vieles mehr fühlen, denn es wird weder bewertet noch verglichen.

Vielleicht schauen Sie einmal kurz zurück. Welche von den Dingen, die Sie für Ihr Glück brauchten, haben sich wohl erfüllt? Vielleicht wenige oder doch sehr viele? Ein Haus, einen besseren Job, einen lieben Partner, Kinder – all das wünschen sich viele Menschen, um tatsächlich glücklich zu sein. Aber sind Sie auch dauerhaft glücklich? Ich nehme einmal an, dass Sie jetzt einen kurzen Moment nachgedacht haben und diese Frage mit Nein beantworten. Dann stelle ich Ihnen einen weitere: Warum sind Sie es nicht? Alles, was Sie wollten, haben Sie erreicht, Ihre Träume haben sich doch erfüllt. Vermutlich wissen Sie nicht, was Sie darauf antworten sollen.

Der einfache Grund, warum Sie immer noch nicht glücklich sind, ist Ihre persönliche Vorstellung von Glück. Das Modell, das Sie sich vom Glück zusammengebastelt haben, ist in Wahrheit glücksfeindlich. Ob ich das ernst meine? Ja! Denn Sie machen Ihr eigenes Glück abhängig von Bedingungen, die es zu erfüllen gilt. Dabei kann Glücklichsein doch so einfach sein. Es ist nämlich tatsächlich so, dass man es nicht an Bedingungen knüpfen muss.

Jeder Mensch trägt das Glück in sich. Es schlummert ganz friedlich, tief in unserem Inneren. Wie es zum Vorschein kommen soll? Ganz einfach: Öffnen Sie sich selbst. Wie? Sehen Sie das, was Sie im Moment haben, als perfekt an, seien Sie zufrieden mit Ihrer Position! Jeder Moment ist perfekt, so, wie er ist, auch wenn es ganz anders erscheint.

Die Forderungen, die wir an unsere Mitmenschen und an das Leben an sich stellen, sind es, die uns unglücklich stimmen und die „Türen" schließen, wodurch das Glück in uns nicht nach außen treten kann.

Wie kann man lernen, tatsächlich häufiger im Hier und Jetzt zu sein?
Sie müssen Ihren eigenen Blick auf das JETZT richten. Sehen Sie sich ruhig einmal um. Betrachten Sie die Wolken, fühlen Sie den Wind, lauschen Sie, wie er sanft durch die Blätter streift. Hören Sie die Kinder, die auf einer Wiese spielen?

Damit möchte ich sagen, dass Sie bewusst auf das achten sollen, was Sie sehen, hören, fühlen oder vielleicht sogar schmecken und riechen. Wer den Augenblick genießen kann, der schafft es auch, sich zu entspannen.

Spüren Sie, was in Ihrem Inneren vonstattengeht. Was fühlen Sie, wenn Sie mit dem Fuß durch den weichen Sand gleiten? Was spüren Sie, wenn das Wasser über Ihren Fuß gespült wird? Spüren Sie die Wärme, die durch die Sonne auf Ihren Rücken trifft? Wo spüren Sie vielleicht sogar Anspannung oder Ihren eigenen Atem?

Lauschen Sie den Geräuschen Ihrer unmittelbaren Umgebung. Was erzählt Ihnen das Meer? Was singt der Vogel oder wo vernehmen Sie das Schlagen der Flügel, die gerade am Himmel entlangfliegen? Hören Sie die Menschen, die weiter entfernt am Strand spazieren gehen? Hören Sie vielleicht auch etwas, das Ihnen Ihr Inneres sagt?

Ihre innere Stimme ist da, nehmen Sie wahr, was sie Ihnen sagen möchte. Hören Sie häufig Kritik? Hören Sie Ermahnungen, dass Sie vorsichtiger sein sollen? Hören Sie jemanden, der Ihnen von innen heraus sagt, dass es vorwärtsgehen muss? Seien Sie ein stiller Beobachter. Registrieren Sie diese Stimme nur, aber bewerten Sie nicht, was sie Ihnen sagen will. Bringen Sie dem Augenblick so, wie er ist, Akzeptanz entgegen. Wenn Ihnen das gelingt, können Sie sogar den Momenten, in denen Sie früher eher gereizt reagierten oder in denen Sie großen Unmut verspürten, mit jeder Menge Gelassenheit entgegentreten.

Sie sollten HEUTE leben, nicht in der Vergangenheit oder in der Zukunft. Das neue Geschirr, der schöne funkelnde Anhänger oder das hübsche Kleid will HEUTE benutzt werden, nicht dann oder irgendwann, denn dann könnte es schon zu spät sein.

Menschen, die Ihnen in der Vergangenheit etwas angetan haben, sollten Sie verzeihen. Zeigen Sie den Personen in Ihrer Umgebung, dass Sie sie mögen, und sagen Sie ihnen einfach einmal etwas Nettes. Bedanken Sie sich bei jenen, die Ihnen Gutes und Schönes getan haben. Die Gelegenheit ist JETZT, nicht irgendwann.

Kapitel 16
Tiefenentspannung durch simple Atemtechniken

Die richtige Atemtechnik ist das A und O! Gerade wenn man sehr viel Stress hat, von einem zum anderen Termin rennt und der Urlaub noch in weiter Ferne ist, braucht es manchmal einen Moment Entspannung, und wenn er nur einige Minuten andauert. Sie meinen, das ist aber gerade in stressigen Zeiten völlig unmöglich? Nun, das stimmt nicht, denn wer sich mit Atemtechniken auskennt oder befasst, wird schnell merken, dass es doch einen Weg gibt, sich sogar in stressigen Zeiten Entspannung zu verschaffen.

Es liegt allein in Ihren Händen, ob Sie Ihr eigenes System weiterhin sabotieren oder doch etwas zum Positiven verändern. Ich möchte Ihnen einige Übungen vorstellen, mit denen auch Sie tiefenentspannt sein können.

Eine dieser Techniken ist die der vollen Atmung. Sie funktioniert sehr einfach und Sie können sie im Handumdrehen erlernen. Da die Dauer dieser Übung nur wenige Minuten beträgt, werden Sie rasch ein völlig neues Körpergefühl spüren. Mit dieser Technik gelingt es Ihnen, binnen weniger Sekunden herunterzufahren und von Vitalität durchströmt zu werden. Und das ist keine Zauberei, sondern sogar durch die Wissenschaft bewiesen. Genau deshalb sollten Sie diese Technik in Ihren täglichen Ablauf integrieren. Die Übung sollte wie das Zähne putzen dazugehören.

Die Tiefenatmung

Es handelt sich hierbei um eine Yoga-Atmung, die es Ihnen ermöglicht, den gesamten Atemraum zu nutzen. Was ich damit meine? Wenn wir atmen, atmen wir meist nur bis zum Hals, also eher flach. Wenn Sie aber bis tief in den Bauch hineinatmen, kann sich auch die Entspannung ausdehnen, also in die Tiefe gehen. Zum Erlernen dieser Art der Atmung rate ich Ihnen, sich hinzulegen, denn so geht es am besten.

Es ist aber auch sitzend oder gar stehend möglich. Am besten probieren Sie einfach alles aus; nur so finden Sie heraus, was für Sie passt.

Und so geht es:
Beginnen wir mit einer kleinen Vorübung. Hierfür legen Sie Ihre Hände auf den Bauch. Es dürfen sich jedoch nur Ihre Mittelfinger berühren. Nun atmen Sie ganz bewusst durch die Nase ein und verfolgen Ihren Atem, wie er sich seinen Weg durch Hals, Kopf, Brust und letztlich in den Bauch sucht. Merken Sie, was dabei mit Ihrem Körper geschieht? Dieser wölbt sich nach oben. Sobald Sie wieder ausatmen, senkt sich Ihr Bauch wieder und wird flach. Dabei fließt die verbrauchte Luft durch Ihre Nase wieder heraus.

Weitere Tipps:
Legen Sie Ihre rechte Hand unterhalb Ihres Bauchnabels auf den Bauch, während die linke Hand ihren Platz seitlich auf dem linken Rippenbogen findet. Atmen Sie ein und spüren Sie, wie sich Ihre rechte Hand zusammen mit dem Bauch hebt. Spüren Sie zudem mit der linken Hand die Ausdehnung des Brustkorbes. Nun darf der Atem vom Bauch beginnend wieder ausströmen. Spüren Sie, wie Ihr Bauch, der Brustkorb und Ihr Schlüsselbein sich wieder absenken? Diese Reihenfolge können Sie nun mehrmals wiederholen. Wenn Sie mithilfe Ihrer Hände begriffen haben, wie der Atmungsprozess sich auf Ihren Körper auswirkt, können Sie diese einfach neben Ihrem Körper ablegen. Nun reicht Ihre Vorstellungskraft aus. Stellen Sie sich vor, Ihre Atmung ist ein fließender Wasserlauf, der das klare Wasser durch Ihren Körper strömen lässt. Die Entspannung der Muskulatur wird sich schon nach wenigen Minuten bemerkbar machen. Schließen Sie ruhig Ihre Augen und behalten Sie den Atemrhythmus einige Minuten lang bei. So gelingt es Ihnen, Ihre Aufmerksamkeit völlig nach innen zu richten.

Wussten Sie schon? Bereits seit 2000 Jahren existieren die verschiedensten Atemtechniken. Wer richtig ein- und ausatmet, reduziert Stress und sorgt für guten Schlaf sowie für Gelassenheit im Alltag.

Die Atemannäherung

Es ist wichtig, dass Sie sich bei dieser Übung auf einen bestimmten Aspekt des eigenen Atems fokussieren. Beispielsweise können Sie Ihren Nasenflügeln die volle

Aufmerksamkeit schenken. Achten Sie darauf, wie die frische Luft in Ihre Nase hineinströmt. Beobachten Sie durch intensives Fühlen und 100 % Konzentration, wie Ihr Atem die Nasenlöcher passiert.

Werden Sie sich bewusst, dass Sie sich aktiv mit Ihrer Umgebung austauschen. Machen Sie sich bewusst, dass Sie ein- und auch ausatmen. Beim Einatmen führen Sie Ihrem Körper Sauerstoff zu, beim Ausatmen können Sie das Gefühl vernehmen, etwas loszulassen. In diesem Fall ist es die verbrauchte Luft. Konzentrieren Sie sich einige Minuten lang auf genau diesen Wechsel.

Einatmen – Aufnehmen
Ausatmen – Loslassen

Wenn Sie möchten, können Sie im nächsten Schritt versuchen, die Temperatur bei diesem Vorgang wahrzunehmen. Können Sie die Frische beim Einatmen fühlen? Bemerken Sie, dass sich die Temperatur beim Ausatmen erwärmt? Mit dieser Übung schaffen Sie einen bewussten Austausch mit Ihrer Umgebung. Sie sensibilisieren sich selbst, beispielsweise für das Erkennen der Luftqualität. Man schenkt sich zudem das Gefühl von Kraft und Energie, die man mit der frischen Luft aufnimmt.

Die Darth-Vader-Atmung

Eigentlich heißt diese Übung „Ujjayi-Atmung". Sie ist sogar jene, die am weitesten verbreitet ist. Hier wird beim Ein- und beim Ausatmen (mit geschlossenem Mund) ein Hauchgeräusch erzeugt. Dieses entsteht durch das Verengen der Muskeln der Stimmritze. Der Atem wird dadurch hörbar. Denken Sie jetzt aber nicht, dass alle Menschen in unmittelbarer Umgebung ihn hören können. Das Geräusch ist gerade einmal so laut, dass Sie es selbst wahrnehmen können. Vor allem Ihr Geist profitiert von dieser Übung, da er dadurch beruhigt wird. So schaffen Sie mehr Lebensenergie für sich. Durch die Hörbarkeit erhalten Sie außerdem eine Rückmeldung bezüglich des Atemtempos, der Tiefe und eventuell auch dazu, ob Sie nervös sind.

Diese Übung ist so wunderbar einfach, dass man sie immer und überall einsetzen kann – im Bus, auf der Arbeit, beim Hausputz, einfach überall. Es ist daher zu empfehlen, sie täglich anzuwenden, um sich selbst Ruhe und Harmonie zu gönnen.

16.1 KONZENTRATIONSFÄHIGKEIT STEIGERN

Manchmal ist es gar nicht so leicht, die Konzentration aufrechtzuerhalten. Gerade in der heutigen Zeit gibt es so viele Reize, die uns immer wieder von unseren eigentlichen Aufgaben ablenken.

Doch man kann die Konzentrationsfähigkeit tatsächlich beeinflussen und das sogar auf verschiedene Art und Weise. Wie das funktionieren soll, möchte ich Ihnen in acht Schritten erläutern.

1) Erkennen Sie Ablenkungen und schalten Sie diese aus

Bevor man die Konzentration überhaupt trainieren kann, ist es wichtig, dafür zu sorgen, dass einen die Umgebung nicht ablenkt. Denken Sie genau darüber nach, was Sie bisher immer mal wieder abgelenkt hat, und scheuen Sie nicht davor zurück, diese Störfaktoren aus dem Weg zu räumen. Wenn es beispielsweise Ihr Smartphone ist, können Sie sich gewiss sein, dass eingehende Nachrichten und Neuigkeiten nicht davonlaufen werden. Diese warten auch später noch auf Sie!

Sind es die Mitbewohner Ihrer Wohngemeinschaft oder Familienmitglieder, dann sollten Sie einen Plan aufstellen, in dem alle wichtigen Zeiten, bei denen Ihre Konzentration erforderlich ist, notiert werden. So haben alle die Möglichkeit, sich daran zu orientieren.

2) Trainieren Sie Ihre Willensstärke

Es ist natürlich auch so, dass sich eben nicht alle Ablenkungen, denen man im Alltag begegnet, ausschalten lassen. Hier sind Sie selbst gefragt. Sie müssen nun Ihre eigene Willensstärke trainieren. Wer geht nicht viel lieber mit Freunden aus oder lässt sich vom Fernseher berieseln. Doch all das bringt Sie keineswegs bei dem voran, was Sie so dringend mit jeder Menge Konzentration erledigen müssten.

Ebenso ist es verlockend, zu lesen, was die besten Freunde gerade schreiben und was geplant wird, doch auch hier gilt: Das können Sie später immer noch erledigen! Willensstärke können Sie bereits am Morgen beweisen, indem Sie den Wecker nicht noch einmal um fünf Minuten nach hinten verschieben, sondern direkt aufstehen. Ein weiteres Beispiel ist, das Geschirr direkt nach dem Kochen oder Essen zu spülen bzw. in die Spülmaschine zu räumen. Das alles sind nur Kleinigkeiten und doch können sie so viel bewirken. Sie werden beispielsweise selbstsicherer und willensstärker. So sollte es Ihnen also leichter fallen, auch bei größeren Angelegenheiten Ihre Willensstärke zu aktivieren.

3) Konzentration steigern durch Meditation

Beides (Konzentration und Meditation) bedingt sich gegenseitig. Wer meditieren möchte, muss wirklich konzentriert sein. Es ist aber auch so, dass man die Konzentration steigern kann, indem man regelmäßig meditiert. Durch die Meditation gelingt es Ihnen, sich auf eine Sache voll und ganz zu konzentrieren. Andere Dinge, die in diesem Moment nicht wichtig sind, werden ausgeblendet. Dies hat einen positiven Effekt auf die Leistung des Gehirns.

Wer meditiert, kann sich auf seinen Herzschlag oder die Atmung konzentrieren. Man kann auch Hilfsmittel wie Kerzen einsetzen und den Fokus auf die Flamme legen oder Uhren, auf deren Ticken man sich konzentriert.

Wenn Sie gerade erst einsteigen, reichen bereits zwei bis drei Minuten. Je länger Sie meditieren, desto länger gelingt es Ihnen auch, sich auf eine bestimmte Sache zu konzentrieren. Wie Sie meditieren können, haben Sie bereits in Kapitel 1 erfahren. Sollte noch etwas unklar sein, haben Sie also die Möglichkeit, die Technik jederzeit nachzulesen.

4) Vermeiden Sie Multitasking

Wer viele Aufgaben zu bewältigen hat, versucht oftmals, mehrere Dinge gleichzeitig zu erledigen, doch dabei geht jegliche Konzentration verloren. Zudem kann es passieren, dass das Ergebnis nicht zufriedenstellend ist und wir schneller erschöpft sind. Wer sich einer Aufgabe voll und ganz zuwendet und die übrigen Aufgaben erst dann erledigt, wenn die erste abgeschlossen ist, kommt viel schneller ans Ziel. Man befindet sich dann im sogenannten Flow-Zustand. Hier geht einem die Arbeit viel leichter von der Hand und man ist nicht vollkommen erschöpft.

5) Verbessern Sie Ihr Zeitmanagement und planen Sie Pausen ein

Wer an einer längeren Aufgabe sitzt, sollte hin und wieder eine kleine, kurze Pause einlegen. Das führt dazu, dass man die Konzentration während der Arbeitsphase beibehält. Kennen Sie die Pomodoro-Technik? Hier setzen Sie sich zeitliche Ziele, beispielsweise 25 Minuten arbeiten und dann fünf Minuten Pause. Danach folgt die nächste Arbeitsphase. Das Einzige, was Sie dafür benötigen, ist ein Wecker oder eine Sanduhr. Wenn der Alarm erklingt oder der Sand vollkommen durchgelaufen ist, wird es Zeit für ein Päuschen. Um diese Technik anzuwenden, ist es sinnvoll, sich im Vorfeld zu notieren, was erledigt werden soll und wie viel Zeit Sie in etwa dafür benötigen werden.

Wenn Sie vier Arbeitsphasen hinter sich gebracht haben, wird es Zeit für eine längere Pause (20 bis 30 Minuten). Wiederholen Sie diesen Rhythmus so lange, bis Sie all Ihre Aufgaben für diesen Tag erledigt haben. Auch hier gilt: Kein Multitasking erlaubt!

6) Konzentration braucht Bewegung

„Nur einem gesunden Körper entspringt ein gesunder Geist." Diese Aussage mag für den einen oder anderen ziemlich abgedroschen klingen, aber es ist tatsächlich so. Die University of Illinois führte eine Studie durch, die das Ergebnis hatte, dass Schüler, die vor der Prüfung kleine Bewegungseinheiten ausführen, sich tatsächlich besser und konzentrierter mit ihren Aufgaben auseinandersetzen können.

Und wenn das bei Schülern hilft, hilft es auch bei jedem anderen, der wichtige Aufgaben oder Arbeiten zu erledigen hat. Integrieren Sie also kleine Fitnessübungen in Ihren Alltag. Zu empfehlen ist es, diese vor den konzentrierten Phasen auszuführen. Wie wäre es beispielsweise, einmal mit dem Rad zur Arbeit zu fahren? Das kann man natürlich nur machen, wenn die Entfernung zwischen Wohn- und Arbeitsort nicht allzu groß ist. Eine weitere Möglichkeit ist, einfach mal ein paar Straßen vorher zu parken und den restlichen Weg zu Fuß zu bewältigen. Existiert ein Fahrstuhl in Ihrer Arbeitsstätte, können Sie hin und wieder auf diesen verzichten und Treppen steigen, auch das zählt als kleine Einheit, um Körper und Geist fit zu halten. Auch wenn diese Veränderungen nur klein erscheinen mögen, können sie dennoch dabei helfen, die Konzentration langfristig zu steigern.

7) Das Gehirn braucht Futter

Auch wenn es nur einen kleinen Teil unseres Körpers ausmacht, so braucht es doch sehr viel Energie, denn immerhin steuert es alles, was wir tun. Energydrinks, Schokolade oder Gummibärchen versprechen natürlich durch ihren Zuckergehalt mehr Energie, doch ist das wirklich gesund? Nein! Auf Dauer jedenfalls nicht. Es spricht nichts dagegen, hin und wieder auch auf etwas Süßes zurückzugreifen, doch viel besser ist es, gesunde Snacks zu wählen. Diese enthalten wichtige Vitamine, die unserem Gehirn viel mehr Energie schenken als jeder Energydrink.

Zudem sind in den gesunden Snacks komplexe Kohlenhydrate enthalten, die unserem Körper auch über einen längeren Zeitraum hinweg Energie liefern. Der Grund ist, dass diese nur langsam in Glucose aufgebrochen und somit nicht auf einmal verbraucht werden.

8) Übungen zur Förderung der Konzentration für zwischendurch
Die meisten Übungen lassen sich wunderbar allein ausführen. Sie brauchen noch nicht einmal irgendwelche Gegenstände dazu.

Es folgen ein paar einfache Übungen:

a) Schauen Sie sich um und prägen Sie sich ein Bild ein, etwa eine Minute lang. Drehen Sie sich nun in eine andere Richtung und zählen Sie alles auf, was Sie in dem Bild wahrgenommen haben.

b) Spielen Sie mit Ihren Kollegen (sofern es möglich ist) das Spiel „Ich packe meinen Koffer“.

c) Hören Sie sich im Radio etwas auf niedriger Lautstärke an. Versuchen Sie dabei, so viel wie möglich zu verstehen.

d) Buchstabieren Sie rückwärts, das funktioniert auch mit dem Alphabet.

16.2 STÄRKUNG DES IMMUNSYSTEMS

Täglich sind wir vielen Reizen ausgesetzt und haben allerlei Aufgaben zu erfüllen. Doch was ist, wenn wir plötzlich krank werden? Was ist, wenn unser Immunsystem zu schwächeln beginnt? Dann können wir die gewohnten Leistungen nicht erbringen. Daher ist es wichtig, bereits im Vorfeld dafür zu sorgen, dass unser Immunsystem gestärkt wird.

Ich möchte Ihnen dafür einige Tipps mit auf den Weg geben.

- **Reduzieren Sie das Risiko, angesteckt zu werden**, indem Sie regelmäßig Hände waschen und unterwegs ein kleines Fläschchen Desinfektion für Ihre Hände dabeihaben.

- Achten Sie auf **gutes Raumklima**: Ist das Zimmer mit trockener Heizungsluft erfüllt, kann es dazu kommen, dass Ihre Schleimhäute austrocknen. Es ist daher wichtig, dass Sie regelmäßig lüften und Ihre Schleimhäute befeuchten.

- **Trinken und Essen**: Zwei Liter Wasser oder Tee am Tag sind wichtig für den Körper, aber auch für Ihr Gehirn. Zudem sollten Sie fünf Obst- und Gemüse-Mahlzeiten pro Tag zu sich nehmen, um ausreichend mit Vitaminen versorgt zu werden.

- **Vermeiden Sie Abwehrkiller**: Koffein, Alkohol oder Zigaretten sind nicht förderlich für Ihre Gesundheit. Vermeiden Sie diese!

- **Die Gesundheit des Darms**: Ist die Darmflora intakt, so sorgt diese für eine sichere Abwehr. Interessant ist, dass hier tatsächlich der Großteil unseres Immunsystems gebildet wird.

- **Tanken Sie Sonne**: Wer sich regelmäßig in der Sonne aufhält, der sorgt dafür, dass die Produktion von Vitamin D3 angeregt wird. Dies geschieht über unsere Haut.

- **Bewegung**: Sie können Ihr Immunsystem täglich anregen, indem Sie mindestens 30 Minuten schnell gehen oder walken. Zudem sorgt Ausdauertraining dafür, dass wir stressresistenter werden.

- **Sauna und Wechseldusche**: Hier wird die Regulation der Wärme trainiert und man kann seinen Körper wunderbar auf die kalte Jahreszeit vorbereiten.

- **Viel Schlaf** sorgt für weniger Stress: Ruhe und ausreichend Schlaf sind notwendig, um das Stresshormon Cortisol auszubremsen.

Quellen

https://www.7mind.de/warum-meditation-lernen/aengste
https://www.medienwerkstatt-online.de/lws_wissen/vorlagen/showcard.php?id=6326&edit=0
Jon Kabat-Zinn: Gesund durch Meditation – Das große Buch der Selbstheilung mit MBSR. ISBN-13: 9783502623328
Chögyam Trungpa: Erziehung des Herzens. Buddhistisches Geistestraining als Weg zu Liebe und Mitgefühl ISBN-13: 978-3924195632
Sam Harris: Waking Up: A Guide to Spirituality without Religion (2015) ISBN-13: 978-1784160029
https://www.8sam-landau.de/
https://www.einfachganzleben.de/
https://www.psychotipps.com/
https://www.7mind.de/
https://www.fitforfun.de/
https://www.unicum.de/
https://www.hohenzollern-apotheke.de/
https://karrierebibel.de/
https://www.lernen.net/
https://www.1000freund.net/zukunftswerkstatt
https://butterseite.net/
https://gesundheitsberater.de/
https://www.medicamondiale.org/
https://soulsweet.de/
https://www.praxisvita.de/guter-schlaf
https://www.selbstbewusstsein-staerken.net/glaubenssaetze-aufloesen/
https://alfazentauri.com/tricks-zur-manipulation-im-alltag
https://karrierebibel.de/emotionsregulation/
https://gedankenwelt.de/die-vorteile-einer-empathischen-kommunikation/
https://www.stephanwiessler.de/
https://www.emotion.de/
https://keyando.org/
https://hellobetter.de/
https://www.landsiedel-seminare.de/positive-psychologie/positive-psychologie.html#die-fuenf-saeulen

Wir danken Ihnen für Ihr Interesse und Ihr Vertrauen. Als Dankeschön dafür, haben wir eine besondere Überraschung. Wir haben einen **ultimativen Guide, um ein „neuer“ Mensch zu werden - Inklusive 30 Tage Challenge, um alte Gewohnheiten abzulegen.** Und diesen erhalten Sie vollkommen kostenlos. Das klingt wunderbar? Dann warten Sie nicht lange und holen Sie sich Ihr Gratis-Geschenk.

Hier geht es zu Ihrem Gratis-Geschenk:

https://forms.gle/mocvT7uQ4qLRyAta8

1. **Öffnen Sie die Kamera-App auf Ihrem Smartphone und richten Sie die Kamera auf den QR-Code.**
2. **Klicken Sie auf den Link, der Ihnen angezeigt wird und schon werden Sie zur Website weitergeleitet.**

Impressum

Herausgeber: Pegoa Global Media GmbH / Am Sandtorkai 27 / 20457 Hamburg
Kontakt: kontakt@pegoamedia.de
Coverbild: Shutterstock

Haftungsausschluss:
Die Nutzung dieses Buches und die Umsetzung der enthaltenen Informationen, Anleitungen und Strategien erfolgt auf eigenes Risiko. Der Autor kann für etwaige Schäden jeglicher Art aus keinem Rechtsgrund eine Haftung übernehmen. Haftungsansprüche gegen den Autor für Schäden materieller oder ideeller Art, die durch die Nutzung oder Nichtnutzung der Informationen bzw. durch die Nutzung fehlerhafter und/oder unvollständiger Informationen verursacht wurden, sind grundsätzlich ausgeschlossen. Rechts- und Schadenersatzansprüche sind daher ausgeschlossen. Dieses Werk wurde sorgfältig erarbeitet und niedergeschrieben. Der Autor übernimmt jedoch keinerlei Gewähr für die Aktualität, Vollständigkeit und Qualität der Informationen. Druckfehler und Falschinformationen können nicht vollständig ausgeschlossen werden. Es kann keine juristische Verantwortung sowie Haftung in irgendeiner Form für fehlerhafte Angaben vom Autor übernommen werden. Die bereitgestellten Analysen, Vorschläge, Ideen, Meinungen, Kommentare und Texte sind ausschließlich zur Information bestimmt und können ein individuelles Beratungsgespräch nicht ersetzen. Alle Informationen dieses Buches entsprechen dem Kenntnisstand zum Zeitpunkt des Verfassens dieses Buches. Eine Haftung für mittelbare und unmittelbare Folgen aus den Informationen dieses Buches ist somit ausgeschlossen.
Informieren Sie sich weitläufig aus unterschiedlichen Quellen und bedenken Sie, dass am Ende nur Sie für die Entscheidungen verantwortlich sind.

Haftung für externe Links:
Unser Angebot enthält Links zu externen Websites Dritter, auf deren Inhalte wir keinen Einfluss haben. Deshalb können wir für diese fremden Inhalte auch keine Gewähr übernehmen. Für die Inhalte der verlinkten Seiten ist stets der jeweilige Anbieter oder Betreiber der Seiten verantwortlich. Die verlinkten Seiten wurden zum Zeitpunkt der Verlinkung auf mögliche Rechtsverstöße überprüft. Rechtswidrige Inhalte waren zum Zeit-punkt der Verlinkung nicht erkennbar.